教育部人文社会科学重点研究基地重大项目
宁夏大学"211重点建设工程"学科项目
甘肃省古籍文献整理编译中心重大整理项目

瓜州東千佛洞藝術

西夏石窟

张宝玺　著

宁夏大学西夏学研究院　编
甘肃省古籍文献整理编译中心

学苑出版社

图书在版编目（CIP）数据

瓜州东千佛洞西夏石窟艺术 / 张宝玺著 . 一 北京：
学苑出版社 , 2012.6
ISBN 978-7-5077-4060-8
Ⅰ . ①瓜… Ⅱ . ①张… Ⅲ . ①敦煌石窟 – 画册 Ⅳ .
① K879.212
中国版本图书馆 CIP 数据核字 (2012) 第 149644 号

甘肃省古籍文献整理编译中心
特约编辑：李民发
项目编辑：王晓燕　霍海珊
图文处理：王　娟

责任编辑：战葆红
版式设计：五凉设计室

书名：瓜州东千佛洞西夏石窟艺术
作者：张宝玺　著
出版：学苑出版社
发行：学苑出版社(北京市丰台区南方庄2号院1号楼)
　　　销售电话：010-67675512 67678944 67601101(邮购)
　　　邮　编：100079
　　　网　址：www.book001.com
　　　电子邮箱：xueyuan@public.bta.net.cn
　　甘肃省古籍文献整理编译中心(甘肃省兰州市第一新村81号)
　　　销售电话：0931-8124248 8124165
　　　邮　编：730030
　　　网　址：www.ch5000.cn
　　　电子邮箱：GSWUL2000@yahoo.com.cn
经销：新华书店
印刷：天水新华印刷厂
开本：889×1193mm　大1/8
印张：39
字数：484千字
印数：1-500
版次：2012年12月第1版
印次：2012年12月第1次印刷
定价：￥2200.00元

目　录

序

史金波

提起赫赫有名的敦煌石窟，都会想到敦煌莫高窟，那里有数百座鳞次栉比的洞窟，有大量精美的绘画和塑像，出土了震惊学坛的大批文书，在国内外影响深广，名声远播。其实敦煌石窟还包括敦煌西千佛洞，瓜州榆林窟、东千佛洞，水峡口下洞子石窟，肃北五个庙石窟、一个庙石窟，玉门昌马石窟等。这些洞窟属敦煌石窟系列，它们既有共同之处，又各具特点。只有都了解了这些石窟才算是全面、深刻地了解敦煌石窟。张宝玺先生是帮助我们认识这些石窟的一位权威专家。

作为一个西夏研究者，我对于石窟属于外行，之所以与敦煌学搭上界，主要是因为西夏王朝管辖敦煌近两个世纪，敦煌有西夏时期的洞窟，是西夏学和敦煌学的交叉地段。西夏崇信佛教，敦煌石窟在西夏佛教信仰中占有重要地位。

1964年我在读研究生期间，曾随业师王静如先生到敦煌参加西夏洞窟调查，前后约3个月时间。当时在敦煌莫高窟工作时间较长，在安西榆林窟工作一星期，期间到西千佛洞考察一天，独未能考察东千佛洞，留下深深遗憾。20世纪80年代在撰写《西夏佛教史略》论述西夏莫高窟、榆林窟时，因相对较为熟悉而稍感顺手，对其他石窟则感茫然，当时对五个庙石窟的简单描述就采用了张宝玺先生调查研究的结论①，补充了我认识上的不足。由此，我对张宝玺先生的研究有了初步印象，也不断关注张先生的研究成果。后来张先生的调查不断深入、广泛，关于甘凉一带西夏石窟的论述接连不断，诸如《文殊山万佛洞西夏壁画的内容》、《安西东千佛洞西夏石窟艺术》、《莫高窟的周围中小石窟调查研究》等②。这些研究成果不仅为敦煌学拓展了新的资料和新的认识，也使西夏研究者大开眼界，我再论及西夏石窟时，张先生的论著是我必须学习和引证的，像《西夏的藏传佛教》和《西夏社会》等论著中都引用了张宝玺先生关于石窟的论述。

后来与张先生有了见面的机会，在一起总是切磋学问，谈论洞窟。我多向先生请教河西诸石窟调研的新进展，张先生则屡有新见相告。后在东千佛洞发现供养人西夏文题记，先生也邀我解读。此次先生汇集多年成果，出版《瓜州东千佛洞西夏石窟艺术》，先送我书稿，使我有幸成为首批读者，享先睹之快。

东千佛洞我未曾考察过，但一直心向往之。张宝玺先生和其他敦煌学家们，对东千佛洞早就关注，并实地调查，悉心研究。现在张先生历经多年实地调查、做了深入研究的大作《瓜州东千佛洞西夏石窟艺术》与读者见面了，这是一部集大成之作。看到张先生这部图文并茂的书，似乎已经把我们引领到东千佛洞，随着他的笔触登上远离尘世的残崖断壁，游览于佛教的艺术殿堂，欣赏着有数百年历史的精美画作。

张先生在书中不仅把东千佛洞的石窟布局、壁画和塑像内容系统、详尽地介绍给读者，还做了深入的解剖和生动的分析，赋予这些艺术品以勃勃生机，还原了它们的艺术价值。东

---

① 张宝玺：《五个庙石窟壁画内容》，《敦煌学集刊》1986年1期。
② 张宝玺：《文殊山万佛洞西夏壁画的内容》，《1983年全国敦煌学术讨论会文集》，甘肃人民出版社，1985年。张宝玺：《安西东千佛洞西夏石窟艺术》，《文物》1992年2期。张宝玺：《莫高窟的周围中小石窟调查研究》，《1990年敦煌学国际研讨会文集》，辽宁美术出版社，1995年。

千佛洞原有洞窟23座，现存有壁画和塑像的8个洞窟，其中第2、4、5、7窟为西夏修建，第1、3、6窟为元代修建，第8窟为清代修建。在这洞窟不算很多的石窟群中有4个西夏洞窟，另第4窟左邻窟和第7窟右邻窟壁画不存的两个洞窟也是西夏洞窟。因此就西夏佛教和西夏艺术来看，东千佛洞不容忽视。这里洞窟壁画内容也很有特色。如目前存世的唐僧取经图共有6幅，皆西夏时期所绘，很是珍贵，东千佛洞保存着3幅，竟占半数。

张先生对东千佛洞壁画做了全面展示和深层次研究时，将其分成汉传、汉密、藏密几大类。借助于书中对西夏石窟中藏传佛教的充分介绍，我们领略到11世纪至13纪纪藏传佛教在西夏地区的浸润和与汉传佛教的融合，以及多民族文化的形成。张先生认为"东千佛洞壁画内容，既继承了唐宋以来的画传统，又大量引进了藏密成分。数量上大体是汉、藏参半"，并总结说："西夏壁画贵在兼容并蓄"，"形成了区别于前代的西夏自创壁画"。我以为张先生准确而精炼地概括了东千佛洞壁画的基本特点。

作者带领读者分类叙审视壁画时，不是呆板的图画和泥塑，而是对各幅绘画一一剖析解读，细致反映出画面场景及其特点。如讲到第2窟涅槃像身后站立着十一身举哀弟子时介绍：

弟子举哀的情节表现得很充分，人物表情描绘得细腻而有夸张，有的仰天号啕大哭；有的近于昏厥不能自持；有的两人合抱痛哭；有的弯腰低首暗自哽咽；更多的是陷于沉思。

又如讲到第2窟后室甬道南壁落迦山观音时介绍：

观音结跏趺坐侧身坐"于金刚宝石上"。头戴宝冠，秀发垂肩，一道披帛从颈际下垂绕于臂腕间，袒露胸腹，腰间斜披一领络腋，颈项、臂、腕、踝间皆饰项圈、璎珞、钏、镯等饰物，局部敷贴金箔。左手掌心向上置于腹际，右手展阅经卷，双目凝神在经卷上，神态自然恬静。身侧的经箧已开启，净瓶杨枝置金刚高台上。身后衬托着嵯峨耸立的奇石，石间生长着几株幽雅翠竹，格外显得醒目，树上盛开鲜花，身后泛起一朵朵白云。观音身前面临一条绿色大河，荡漾的水波萦绕着观音，岸边生长着莲花和芳草，耀眼的蓝宝石闪闪发光，水面碧波涟漪。天空飘动着白色的祥云。对岸大树下唐僧和猴行者师徒二人一行牵白马隔水遥望彼岸的观音，唐僧已经下马，猴行者牵着马。唐僧头上有头光作中年僧人形像，着大袖襦裙，外披红色袈裟，脚蹬云头履，侧身双手合十向观音敬礼，显得十分虔诚。猴行者猴相，一双神眼举目滚动，龇嘴露齿微有几分凶相，披发束金环，身着长衩衣，腰束带，小口袴，麻鞋，左手举拳遮额定睛眺望，右手握马缰，随从在唐僧身后，显得很精干，警觉性很高。白马站在猴行者身后背向而立，侧首也在张望观音，协调了人物之间的关系，增强了画面的稳定感，备红色鞍鞯并未驮物。

没有细致入微的观察、分析不可能有这样精彩的描述，没有对佛学的深厚知识不可能有这样精准的判断，没有对艺术品的感情不可能有这样传神的文字。读者可以在书中欣赏到很多这样引人入胜的描绘。

作者以其宽博的涉猎将洞窟壁画与更多的图画资料比照、分析，以便寻觅洞窟壁画的风格与特点。东千佛洞的壁画和黑水城出土的唐卡，有着天然的联系，作者每每不厌其烦地引证对比。如第2窟释迦降魔相和释迦说法相有藏传佛教形式，作者与黑水城出土、藏于俄罗斯圣彼得堡爱尔塔什博物馆的相关十多幅唐卡比对异同；又与敦煌莫高窟和榆林窟壁画比较，显示出东千佛洞此类藏式绘画较多的特色。又如第7窟前室左右壁对应的位置上，有两幅阿弥陀接引佛图，作者又与出土于黑水城七幅阿弥陀接引佛相比对，沟通了两者的联系，增厚了知识，丰富了内容。

张先生学识广博，西夏石窟调查研究只是其学业之一部分。他的石窟研究遍及甘凉地区，举凡炳灵寺石窟、麦积山石窟，甚至远在青海境内丝绸之路及唐蕃故道上的石窟、河南的龙门石窟也都纳入了他的视野。其时间则上及北魏，下至明清，跨越十几个世纪，表现出其深厚的学养和学无止境的钻研精神。张先生在洞窟调查中练就了高超的摄影本领，成为一位优秀摄影家。大型图书《中国石窟·炳灵寺》和《中国石窟·麦积山石窟》是他的拍摄杰作，文物摄影作品《铜奔马》等曾获全国文物摄影艺术展奖。

我看张宝玺先生的论著，对张先生有一种由衷的敬仰之情，因为我知道张先生的文章不仅是在书房中写出来的，而是用脚板走出来的，是用心血浇灌出来的。张先生对学界相对比较陌生的小石窟群情有独钟。这些小石窟分布零散，多隐匿在深山之中，难以寻觅，又多在悬崖峭壁之上，难以攀爬，且年深日久，坍塌破败，使调查研究难度加大。张先生为实地考察洞窟，获取第一手资料，长年累月行走崎岖的山路，攀缘险峻的山崖，在他身上我看到为求学术真知坚韧的拓荒精神。在荒山野岭中面对清冷的洞窟壁画、塑像，长时间专注观察，入定揣摩，反复推敲，仔细比勘，把古代的遗存静物，在头脑中融会成鲜活的艺术形象，这既需要坚韧、顽强的定力，更需要聪慧、灵感的启迪。从张先生的工作和成果中见证了他的执着求实的学术品格。

二〇一一年七月十日

凡　例

一、本书收录瓜州东千佛洞石窟第2窟、第4窟、第5窟、第7窟及元代石窟第6窟和出土绢画"千手观音绢画"，附录旱峡石窟西夏壁画典型图版。

二、全书包括序言、凡例、目录、内容综述、图版目录、图版与叙录、附录七个部分。图版与叙录以分属各窟为单元进行编辑。

三、全书在每幅图版下，均有文字说明，并依据原有图版内容逐一进行定名。

四、全书对所收录的图版，按照所收录石窟的先后顺序排列；在每个石窟内，每幅壁画按照全图命名编号，也可称其为"母号"。相当一部分壁画其下又分若干局部特写，则一次编为该号的"子号分别定名"。如：

图版22 释迦涅槃图

图版22（14-1）释迦涅槃图·释迦头像

图版22（14-2）释迦涅槃图·末罗足长者

五、全书所采用各窟的顺序为东千佛洞第2窟、第4窟、第5窟、第7窟、第6窟、出土"千手观音绢画"、附录旱峡石窟等6个部分的图版。前5窟总壁图图版按照流水号统一排序，附录中旱峡石窟作为另外一个单元另行编号，与前几窟遵循统一原则。

六、内容综述和内容总录中，除较为详细的文字叙述外，还配有大量的插图，相互对照，方便阅读。

瓜州东千佛洞西夏石窟艺术

壹 石窟概述

1.地理位置

瓜州县位于我国西部，甘肃省河西走廊西端，西邻敦煌，东接玉门。南部为祁连山前山地带，北部属北山，中部属走廊地带，为疏勒河中游绿洲，南部则系榆林河绿洲。绿洲的南北两侧是浩瀚的戈壁荒漠。瓜州和敦煌一样是丝绸之路上的重镇，当年唐僧玄奘就是以这里为起点，偷渡玉门关，夜渡葫芦河，独闯五烽，踏上八百里莫贺延碛大戈壁，远赴印度。

东千佛洞，位于瓜州县东南98公里祁连山前山伸延地带，长山子北麓一古河道两岸，东经96°30′、北纬40°10′，近距该县桥子乡东南30公里，地处荒漠。距唐宋瓜州治所锁阳城遗址东南20公里（图1）。

2.历史沿革

瓜州，汉代属敦煌郡，晋代分置晋昌郡，唐武德五年（622年）置瓜州，此后经历吐蕃统治及晚唐、宋、西夏、元，基本沿用瓜州名。明嘉靖三年（1524年）关闭嘉峪关，关外长期陷于混乱，成为游牧民族的活动区。至此，东千佛洞长期处于废弃状态。清雍正元年（1723年）始置安西镇，取安定西部之意，移民屯田，恢复生产，后升为府、为直隶州。民国二年（1913年）改称安西县。2004年复称瓜州县。

据史地专家考证，废弃后的瓜州故城遗址就是现在的锁阳城（因盛产锁阳而得名）。该城始为汉代冥安县治所，晋改属晋昌郡，隋改为常乐县。又据瓜沙史地专家刘兴汉《汉晋表是县和唐锁阳城探原》[①]一文中的考订，认为锁阳城的确切年代当在隋开皇元年至三年（581—583年）。近年敦煌研究院考古研究所和安西县博物馆对部分城址作了发掘，"认为锁阳城的内城时代大致为隋唐时期，可能为隋常乐县和唐代瓜州城遗址"[②]。它应是唐代瓜州刺史、宋代归义军、西夏西平监军司治所，是历代瓜州的政治、经济、文化及军事中心。该城经历代扩建，规模相当宏大，具有完整的城防体系，可以列为西北名城之一。城址总面积1.2平方公里，有内城、外城，内外城之间系羊马城，内城又分东西城，外城又分南北城。城外的沃野有着完整的农田灌溉体系。

其城东，有著名的塔尔寺遗址，现存高14.5米元明时的覆

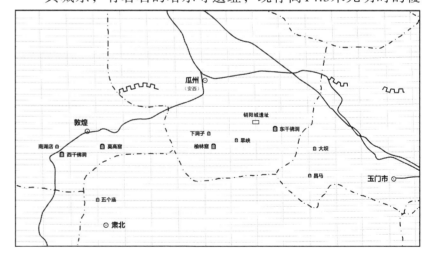

图1 瓜州东千佛洞位置

① 刘兴汉：《汉晋表是县和唐锁阳城探原》，《敦煌学辑刊》2001年第2期。
② 《安西县锁阳城遗址内城西北角发掘简报》，《敦煌研究》2003年1期。

钵式土塔及佛殿、僧舍遗址。学者们考证为唐代的开元寺、元代的塔儿寺遗址。从地面上看塔儿寺遗址更有可能就是五凉时期的瓜州阿育王寺址。其寺释道宣《广弘明集》和《神州三宝感通录》有载："瓜州城东三里有土塔，周朝育王寺，今废，唯有遗址，上有舍覆，四畔墙匝，时见光明，公私士女，往来乞福。"又载，瓜州阿育王寺北周灭佛时遭毁。到了西夏时，亦有阿育王寺高僧惠聪于天赐礼盛国庆五年（1073年）前后曾住榆林窟[1]。

瓜州是西夏初年元昊在其疆域内所立的十二监军司之一，是监护河西的重镇，地理位置十分重要。其属下在这里奉佛做功德，出资造石窟，是石窟兴起的重要原因之一。

锁阳城废弃时久，今天虽已满目荒凉，但古代灌溉渠道纵横，农田阡陌地垄遗址仍清晰可辨。它的废弃是在清初昌马河（疏勒河）上游开发地域的转移，致使这里的水源减少直至干涸，缺少必要的生存条件，才逐渐废弃。历史上的名城就此失去它的作用，惟留遗址。瓜州的政治、经济、文化及军事中心只好北移它处。对照文献和考古资料，我们可以看出，废弃后的锁阳城沉积的文化遗存是十分丰富的。现存的很多石窟遗址便是最好的证明：如西面的榆林窟（位置在瓜州城西，又称西千佛洞），东面的东千佛洞，南面的旱峡石窟都是以锁阳城为中心的。

3. 创建年代之考证

东千佛洞之创建年代没有留下记载，参照诸多文化因素进行对比，它和邻近的本县榆林窟第2、3、10、29窟属同一时期，它们都是西夏文化因素很明显的西夏石窟。

东千佛洞现有的记载见于民国十八年（1929年）成稿的曹馥《甘肃省新通志·安西县采访录》，1945年编纂的《安西县新志》全文收录该文。其中石窟寺造像表，列榆林窟、下洞子、东千佛洞。东千佛洞又称接引寺[2]。文称"接引寺，在县治东布隆吉南山，距（县）城一百九十里，清雍正十三年（1735年）建塑佛像，人多奉祀"。又云："洞在布隆吉南山，距布九十里，共有洞十三处，塑佛像、画佛像仅六洞"。另有安西知县刁宣接引寺诗曰："接引牟尼真色相，西来阐法度群蒙"。可知清初以来称接引寺，即此。至于接引寺之称起于何时，是否西夏时就称接引寺，很难肯定。一般认为，东崖重要洞窟第7窟有两幅接引佛壁画，或起名于此。1925年，陈万里走访敦煌莫高窟。在他所著的《西行日记》里《官厅调查表卷》中亦列东千佛洞六窟，当系采录曹馥《安西县采访录》，文相同。据行记日程安排，陈并未亲历东千佛洞石窟，可贵之处是他肯定了东千佛是西夏石窟。文称"布隆吉之东千佛洞，余于途经三道沟时，得诸传闻者，后果知有西夏洞窟也"[3]。

1900年敦煌石室文书发现。20世纪初各国派遣的中亚探险队中，东千佛洞已纳入这些探险家的视野，但由于地处偏远，去者仍是很少。仅见于日本大谷光瑞探险队（1902—1914年）成员之一的吉川小一郎1912年9月到过东千佛洞，用钝物刻划留有一则题名"明治四十四年九月二十七日大日本京都吉川小一郎"。刻写在第2窟门道南壁，第一身男供养人界

---

① 李正宇：《敦煌地区古代祠庙寺观简志》，《敦煌学辑刊》1988年第1、2期（合刊）。

② 曹馥：湖南衡山县人，1926—1928年任安西（瓜州）县长，1929年由他编著的《甘肃省新通志·安西县采访录》成稿，是民国期间极为重要的一部安西（瓜州）地方志书。全文八万余字，详列地舆、历史、物产、名胜古迹。成书后手抄两份，一份留县，今下落不明。一份上报省上，现藏甘肃省图书馆，为手抄楷书墨本。其书应是筹划中的《甘肃省新通志》一个分册，《甘肃省新通志》总貌欠详。

③ 《西北行记丛萃》，陈万里《西行日记》，自序，《官厅调查表卷》，甘肃人民出版社，2002年，第13、161页。

栏内，对界栏内已不清楚的西夏文题名略有划伤，除此未见到其他记述。

东千佛洞创建于西夏，这是由洞窟里诸多西夏文化因素确定的。11世纪中到13世纪初西夏统治河西近二百年。西夏崇奉佛教，亦大兴佛寺，创建石窟。

首先，东千佛洞窟内数量众多的西夏供养人，说明石窟是西夏人做的功德。第2窟门道两壁绘男女供养人各6身，均有西夏文题名，可惜多漫漶不清不易识读，惟南壁第三身男供养人题名可辨识数字，译文为"行愿者□□□□／边检校□□□□／"；第4窟正壁龛内壁画头戴三"山"冠，居坐着的西夏上师，该窟壁画中尚有一则西夏文的菩萨题名；第5窟前壁及左右壁窟脚列西夏供养人数十身，虽已残剥严重，皆有西夏文题名，目前可释读的一则译成汉文为"行愿宫主刻判造者智远师"，其余多数仍现西夏文字迹。

这些供养人中，社会地位较高的是第2窟门道两侧男女供养人。他们的形象与榆林窟内推定为西夏乾祐二十四年（1193年）造就的第29窟西夏武官画像相似。男像头戴尖圆形金镂冠，身穿圆领窄袖紫旋襕，腰间佩腰袱。职位低者没有腰袱。腰束长带垂于腹前，脚登乌靴。女像头戴高耸的四瓣桃形金冠，冠带垂鬓，冠后插花钗，身着交领右衽窄袖开衩长袍，弓履，双手合十，鲜花供养。参比榆林窟中可推定纪年的第29窟及第3窟，东千佛洞约建于同时，它们都是西夏中晚期石窟。

东千佛洞的窟形有别于前代，系甬道式中心柱窟，与公元3—4世纪龟兹式洞窟相似，但又不完全相同，这种窟形的形成有着明显的时代特征。与敦煌唐宋洞窟相比显然是另一系列，它与榆林窟西夏洞窟的形制也不尽相同，当为西夏时典型的另一类型洞窟，以适应其宗教要求。更不同的是东千佛洞选址在

远离尘世僻远的荒野，也可以称它是荒野中的一座艺术宫殿。

洞窟内藏传佛教壁画内容明显增加，这是这一时期西夏与西藏佛教交流的结果，亦可作为判断时代的一个标识。

西夏创建洞窟之后，至元代仍然是宗教活动中心，但建窟明显减少，可以肯定的是修建了一些小窟，某些废弃的遗址可能与元代有一定关系，但建窟规模大不如以前了。没有发现明代活动遗址，明嘉靖三年（1524年）关闭嘉峪关，此后二百年东千佛洞长期处于废弃状态。清代雍正元年（1723年）始置安西镇，开始移民屯田，恢复生产，此后东千佛洞屡有重修，再次兴盛，改变了久已废弃的面貌。遂有清雍正十三年（1735年）整理洞窟建造塑佛像之举。窟内现存几则清道光年间（1821—1850年）乡民开井、开路、焚香奉佛题记，清代黑水桥子系距东千佛洞最近的乡镇，黑水桥子即现在瓜州县桥子乡。西夏壁画基本上完整保存下来了，而塑像则经过重塑，布局也有变化。瓜州群众的习惯称呼，将榆林窟称为西千佛洞，将这里称为东千佛洞，在地理位置上存在着东西对称的关系，而接引寺之名反而很少有人提起。

近年东千佛洞研究介绍中，虽有认为此窟始建于北朝、唐、五代云云，诸说尚无必要的证据，所提供的层位并不可靠。它就是一座西夏中晚期选址起建的石窟。

4.石窟分布

窟群分布在一干涧河床两岸，石窟开凿在河谷两岸的崖壁上，自然地分成东崖和西崖。东崖石窟分布在上层，主要有第6、7、8窟，及第7窟右邻已毁的一座大窟（图2）。西崖石窟分布在底层和上层，主要有第1、2、3、4、5窟，及第4窟左邻窟（图3）。东西两山之巅有4座覆钵式土塔，已风蚀残损大半。

东千佛洞所在的山谷，在地理位置上属于昌马河（疏勒

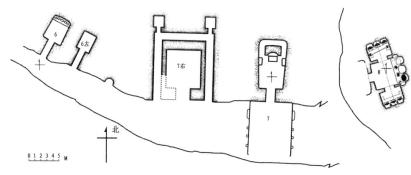

图2 瓜州东千佛洞东崖石窟平面示意

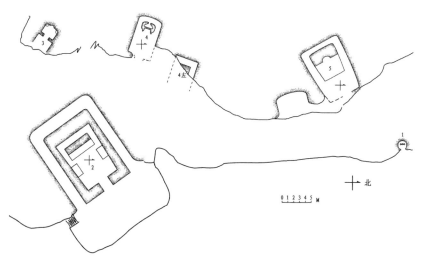

图3 瓜州东千佛洞西崖石窟平面示意

河）山口河水冲出来的扇形原面的延伸地带。山谷内河床宽20余米，平日断流，如遇洪水则水流较大，流出山口，溢于戈壁滩上。河床下面有暗流，可以打井提供生活用水。在这样的荒漠上，生活水源至关重要，也是石窟能够存在的前提条件。东岸台地上有4眼已干枯的水井，经清理仍可提供用水。在缺少水源的情况下，水井是赖以生存的命脉，攸关石窟的存亡。

清末以来由于疏勒河的改道，上游对水源的开发利用，这里水源渐枯，致使这个干涸的河床变得更加干枯。显然在此之前水源要比现在充沛一些，才能满足必要的生活需求。河床上生长着胡柳、骆驼蓬、野蒿子，低凹处生长着低矮的榆树林。

这里属洪积砾石岩地层，石质坚硬程度不一，大部凝结得很坚硬，可以承受凿窟之压力；有的相当松散，如遇外力，砾石即可走动。砾岩上覆盖着黄粘土夹白垩土的土层。

东千佛洞地方主管部门和学术界曾作过多次调查，对洞窟的调查编号，曾有如下数次：

1929年曹馥《安西采访录》上列13窟，有考察价值者仅6窟。

1982年10月敦煌文物研究所前所长常书鸿走访东千佛洞时，会同安西县文化馆编号8窟。

1991年8月安西县博物馆对一些残窟小窟续编号至23窟。

以上三次编号，1929年曹馥《安西采访录》的编号只能看作是一个对洞窟的统计数字，统计到的洞窟有13座，其中以列表的形式对6座有价值的洞窟高度、宽度、长度作了丈量，登记了塑像数目、壁画的完整程度，并未逐窟编号。1982年的编号，对8座有价值的洞窟采取逐窟编号，已被多处调查报告所采用。1991年编号虽较全面，但尚未正式启用。新近清理出来的洞窟及残窟和生活用窟的取舍上，也需作进一步完善。本书这里仍用1982年编号。对于1982年编号中缺如但却有价值的洞窟则以靠近某窟的邻窟叙述之。

造像壁画完整的石窟，及虽系残窟其窟形有价值者，主要的洞窟有10座。西崖有第1、2、3、4、5窟及第4窟左邻窟；东崖有第6、7、8窟及第7窟右邻窟。第4窟左邻窟及第7窟右邻窟是安西县博物馆前些年清理出来的西夏残窟。

依时代划分：

西夏6窟：第2、4（影窟）、5、7窟，第4窟左邻窟，及第7窟右邻窟。

元代3窟：第1（影窟）、3、6窟。

清代1窟：第8窟。

5.窟形

东千佛洞创建于西夏，西夏洞窟奠定了基本规模，编入本书的10个洞窟中6座是西夏窟。元代宗教活动兴盛，续开洞窟不多，仅有1座小方窟和1座具前后室的小方窟，及1窟影窟。明代这里被废弃。清初再度兴起，主要是整饰前代洞窟，重修塑像，工程量很大。续建过1个洞窟，其内涵是非佛教窟，造像系佛道教并陈及中国神仙，壁画为山水、竹石、文人绘画。

西夏6座洞窟中，其中甬道式中心柱窟4座，甬道式中心柱窟加外绕循环道者1座，佛殿窟加外绕循环道者1座。西夏甬道式中心柱窟，窟平面为长方形，分前后室，前室为方形，覆斗顶或圆弧形顶。后室延窟壁凿出低于前室可供绕行的甬道，形成甬道式中心柱窟。它们是第4、5、7窟和第4窟左邻窟，这种窟形在数量上处于多数。第4窟中心柱正面龛内主尊是上师壁画，而不是佛像，它是纪念某一上师的影窟，其窟形一如甬道式中心柱窟。

甬道式中心柱加外绕循环道类型的洞窟仅第2窟1个窟，较甬道式中心柱窟，增添了外循环道的功能，就是在甬道式中心柱窟外壁间加凿大循环道的甬道式中心柱窟，可以绕此道在窟外巡礼。该窟位于西崖中部，为该窟群最大的洞窟，显然具有西崖宗教活动的中心的地位。

佛殿窟加外绕循环道窟仅第7窟右邻窟1个窟，是近年清理出来的。该窟系平面呈方形的佛殿窟，外绕循环道，在外循环道的二里角里还有两个小禅房。它是东崖最大的洞窟，显然是东崖的活动中心，其规模与西崖第2窟相彷佛。这两个加外绕循环道的洞窟分别形成东西崖两个中心。可惜该窟早年已毁，窟顶塌陷，造成全窟俱毁，现在仅存遗址。其窟壁岩体松散，部分墙体早年就是用土坯构筑的。窟内没有发现造像壁画，其性质有待进一步确定。

甬道式中心柱窟源于龟兹石窟，始于3世纪新疆古龟兹石窟普遍采用这种窟形，前室正壁造立佛或须弥山，后甬道安置涅槃像。东千佛洞甬道式中心柱窟与龟兹石窟甬道式中心柱窟窟形相同，而且在后甬道安置涅槃像也是一样的。不同的是甬道式龟兹石窟，奉小乘佛教根本说一切有部经律，在后甬道及左右甬道以释迦牟尼涅槃像为主体，仅仅表现围绕释迦牟尼生平及涅槃前后的故事。而东千佛洞甬道式中心柱窟奉大乘密教，后甬道仍以释迦牟尼涅槃像为主体，而左右甬道则是观音菩萨、行道药师佛、文殊菩萨、佛教故事画、坛城图、八大菩萨、佛母等多种内容的图像。这几座西夏甬道式中心柱窟，窟形尚且保存完整，无大的损伤。其壁画布局也很完整，皆四壁通绘壁画。唯西夏塑像皆被毁去，甚至佛台的位置都有诸多疑问。第5窟正壁开长方形落地大龛，其前筑与中心柱等宽的正方形低台基，或诸尊造像安置在此处。第2、7窟情况就不相同了，它们都是清代重修塑像，依窟壁另筑高佛台塑像其上，这样的结果就是壁画被遮挡住了大半，因此依窟壁筑高佛台塑像并非西夏原制，而是清代重修塑像时作了重大改制。那么重修前的西夏塑像在窟内什么地方，原制造像布局如何？就值得进一步观察，塑像和窟形的关系确实值得进一步研究。石窟艺术中塑像都占有主体的位置，是不可缺少的要素。基于这点，有理由可以推论为这几个洞窟原制系窟内设坛的密宗洞窟，即前室中心部位设坛，诸尊造像应安置在中心土坛之上。如果这个推想可以成立的话，窟内土坛上的造像是其主体，窟顶所画的坛城图及周壁的壁画将构成一完整的宗教体系，也不会产生现在造像和壁画在位置上发生冲突的问题。

第2、7窟前室中心部位设坛的痕迹现在找不到了，随着对密宗信仰的淡薄，及主事乡民的不理解，土坛已成为窟内的赘物。可能毁于清初的历次重修中，才形成了将造像位置移到左右壁贴近墙面，窟中心形成了一个空间。

与东千佛洞属同时期的榆林窟西夏第3、29窟窟内中心设坛的遗址仍然存世，这两窟坛与窟的时代关系，有不同说法，一般认为第29窟中心土坛为西夏原建，也有人认为是元代所建。第3窟中心设坛为清塑。它们虽历重修已不是西夏原物，其中心部位设坛安置诸尊造像应是循旧制遗留下来的，可以说明窟内建坛的例子，这种中心设坛的完整坛形没有留下来，但它过去是存在过。窟中心筑土坛有很大的变动性，不同的佛事活动有着不同的筑坛要求（图4）。

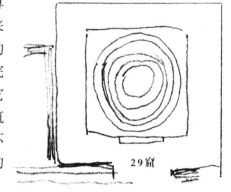

图4　榆林窟第29窟平面图中心设坛　西夏

以土筑坛做法事，起源于印度，称曼荼罗，据《密宗要旨》载："坛者积土于上，平治其面，而以牛粪涂其表，使之巩固，于此坛上管宗教之神圣行事，尤其为阿阇黎授戒于弟子时，或国王即位时，于此上行之"。印度多用土坛，依据七日建坛法，有筑土而作的土坛，也有木构的木坛，还有简单地在其处洒水清净而成的水坛等。按仪式的规定，这种土坛在修法结束时要予以破坏和拆除，所以在考古上很难找到有关坛城的实物遗址。但偶有保存下来的系极少数，如近年来在石窟集中的瓜、沙地区的瓜州县城北疏勒河北岸戈壁滩上[1]发现了，经考订为西夏时期用砂石起建的密教坛场遗址。

6.造像

石窟内主体是造像，可惜西夏造像皆毁，一尊都没有存下来，西夏造像的总体布局如何，留下的痕迹很少。就几个西夏窟而言，第2窟是清代重修的塑像，正壁塑坐佛3身，左右壁各塑菩萨2身。第4窟（影窟），前室正壁塔形龛内画尊师像，未见其他塑像痕迹。第5窟前室正壁开长形落地龛，其前筑与中心柱等宽的方形低台基。长形落地龛宜造立佛，方形低台基或为安置造像的地方，造像不存在了。第7窟正壁清代重修后的龛像，龛内塑坐佛（已残），龛上成道相小坐佛，龛前置供桌案台。前室左右壁的后半部清塑四大弟子。

各窟现存造像为清初所塑，前文引用的《安西县采访录》，文称接引寺"清雍正十三年（1735年）建塑佛像，人多奉祀"。以及此后的年代所塑，现依窟号将各窟塑像分述如下：

第1窟（影窟），塑尊师像，及二胁侍弟子（图5）。

第2窟，前室正壁和左右壁清代加筑长方形高佛台，正壁清

图5　第1窟（窟影）尊师像

①张宝玺：《安西发现密教坛场遗址》，刊《敦煌研究》2005年第5期。

塑坐佛3身（图6），左右壁各清塑菩萨2身（图7），佛坐为六面形束腰坐。共7身清塑，为三佛四菩萨，遮挡住了后面壁画。

第3窟，正壁清塑宝冠立佛，及二胁侍菩萨（图8）。

图8　第3窟　宝冠佛

第4窟（影窟），前室正壁塔形龛内画尊师像，未见塑像痕迹，清代没有在此窟塑像（图9）。

第5窟，前室正壁凿圆拱长方形落地龛，其前筑与中心柱等宽的正方形低台基，像已不存。清代未造像（图10）。

第6窟，正壁佛台清塑一佛四菩萨（图11）。

第7窟，前室正壁清代重修后的龛像，三叶拱形龛，背衬浮雕波罗式宫殿。正壁主龛内佛像已残，仅存下半身，龛上方小龛内塑成道相小坐佛（图12）。前室左右壁的后半部清塑四大弟子，站于低台基上。整体为清塑坐佛及四大弟子（图13）。

▶
图
9
第
4
窟
佛
龛

▼
图
10
第
5
窟
佛
龛

图11　第6窟　一佛四菩萨

图12　第7窟　佛像

图13 第7窟 弟子像

第8窟，非佛教造像，道教造像。

清塑的造像组合归纳起来，三佛四菩萨一铺，一佛四弟子一铺，一佛四菩萨，宝冠佛二菩萨一铺。它们与窟形结合不紧密，非密教造像序列。与窟内密教内容壁画并不能构成整体。

7. 壁画之分布

西夏洞窟第2、4、5、7窟，这几个系前后室甬道式中心柱窟，前后室都有壁画。

前室左右壁分二栏或三栏作壁画，壁画内容之间的关系均衡对称，例如释迦降魔相对释迦说法相，十一面观音对绿度母，西方净土变对东方药师变，文殊变对普贤变。窟顶是总摄全窟的坛城图。

后室甬道内亦是作壁画的主要地方，相当一些精彩壁画布在后室甬道内。如场面博大的巨型壁画说法图（或千佛图）与其相对应的涅槃图就在后室后甬道内。

忿怒金刚、宝藏神这些密教护法神地位上升，占有一定比例。位在前壁（即窟门之内侧壁），替代了天王、力士及诸天这些护法神。

相对应位置上的同一构图的双幅壁画增多，如第2窟后室左右甬道的双幅落迦山观音，第7窟前室的双幅阿弥陀接引佛。

供养人列像画在窟门甬道或窟脚。

东千佛洞壁画内容蕴含着汉、藏佛教的内涵，又是汉密、藏密的杂糅。各窟的结构微有变化。第2窟除后室说法图、药师佛、涅槃图、落迦山观音（水月观音）为汉风壁画外，前室皆为藏密图像。大体汉风壁画占三分之一，藏密图像占三分之二。第4窟后室后甬道壁画不存在了，残存的壁画皆为藏密图像。第5窟除后室涅槃图和前室文殊、普贤变外，余者绝大多数为藏密图像，是藏密图像比重最多的洞窟。第7窟汉风尊像画和藏密图像大体参半，后室甬道内唐密大日如来说法图八大菩萨和涅槃图对陈，前室大乘经变画净土变相和接引佛及圣众占着主要位置。前后室各有所重，共同的结构原则是后室说法图、涅槃图为中心的壁画为汉风壁画，前室侧重藏密图像。在一个洞里前后室存在不同风格。仅以佛像为例，汉风佛像为扁平肉髻下饰髻珠，藏式佛像高尖状肉髻顶上严宝。各窟壁画布局分述如下：第2窟，前室，窟顶中心方形藻井内五佛四菩萨金刚界坛城图，四披为四方佛说法会。正壁（中心柱正面）八坐佛二铺，每铺竖四，横二。上方两侧各绘布袋和尚。左右壁各分二栏作画，右壁十一面八臂观音救八难和释迦降魔相，左壁绿度母救八难和释迦说法相。前壁右侧四臂文殊菩萨，左侧顶髻尊胜佛母。窟脚一周一列伎乐天，间以金刚、白马驮宝、上师。

后室，正壁（西壁）画大型说法图，两侧各画药师佛。背面向（东壁）大型涅槃图，说法图和涅槃图是后甬道内相的主要壁画。左右甬道外侧壁对应着两幅落迦山观音（水月观音），中画唐僧取经。甬道内侧壁两幅依立于娑罗树下的菩萨。后室甬道顶饰卷草莲花图案，圆心为坐佛。

窟门道右壁男供养人6身，左壁女供养人6身。门道顶部莲花龙凤图案（图14）。

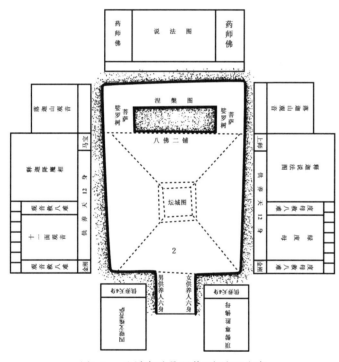

图14　瓜州东千佛洞第2窟壁画分布

第4窟，前室，窟顶壁画大部残去，残存里侧两角孔雀衔花图案。正壁（中心柱正面），浮雕覆钵形塔龛，塔顶已毁，塔龛两侧各画兽王及象王。龛内正壁画西夏上师像，龛内左右壁画男女供养人像，皆已剥蚀风化掉了，唯左壁一女供养人像尚存残迹。正壁上部壁画已不清楚，两侧似为金刚之类。右壁文殊变，及十一面观音外围观音救八难，里侧上方一立佛，下

方立一波罗式菩萨，并有西夏文题名，已很不清楚。左壁和前壁墙体已毁。

后室，后甬道壁画已剥落。左右甬道外侧壁坐佛上下两排一铺4身和坐佛上下两排一铺6身。左右甬道内侧壁各一身主尊菩萨，两侧各三方眷属，上方一字形排列五方金刚。后室甬道顶披立佛数身（图15）。

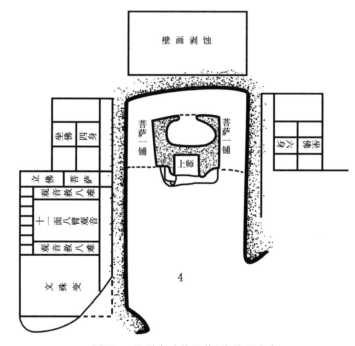

图15　瓜州东千佛洞第4窟壁画分布

第5窟，前室，窟顶坛城图大半残去。正壁（中心柱正面）佛龛两侧各分十格画佛教故事，已漫漶不清。左右壁各分三栏作画，右壁文殊变、三面八臂立观音、十臂如意轮观音，左壁普贤变、绿度母、八塔变相。窟脚画十王变及供养人列像。前壁右半部墙体已毁，壁画不存。前壁左侧分上下栏作画，上栏为一佛五菩萨一铺，五方佛坛城一铺，塔龛内观音一铺。下栏为宝藏神及

二忿怒金刚。窟脚为供养人列像。

后室，后甬道正壁（西壁）分三栏作画，正中千佛上下四排40余身。右侧绘观音一铺，左侧乾陁逻国分身瑞像。后甬道背面向（东壁）画大型涅槃图。千佛图和涅槃图是后甬道相对应的两幅壁画。后室左右甬道外侧各分两栏作画，南壁持金刚菩萨、四臂文殊菩萨，北壁四臂观音、落迦山观音（水月观音）中画唐僧取经。窟脚为供养人列像。左右甬道内侧南壁毗沙门天王八大夜叉坛城，北壁金刚界坛城（图16）。

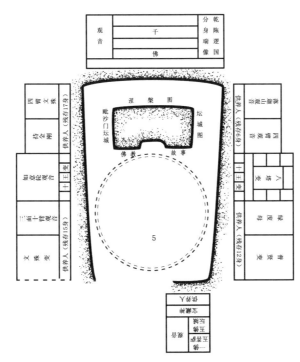

图16　瓜州东千佛洞第5窟壁画分布

后室甬道顶饰单枝牡丹连续图案。

第7窟，前室，窟顶已残，壁画无存。正壁经清代重修的佛龛，左右上角壁间西夏原作壁画飞天各一，左右甬道顶上各画小坐佛2身。左右壁分三栏作画，右壁阿弥陀接引佛、西方净土变、释迦降魔相。上部画小坐佛一列14身。左壁阿弥陀接引佛、东方药师变、释迦说法相（释迦初转法轮）。上部一列小坐佛已残失。前壁左右侧各画忿怒金刚。

后室，后甬道正壁（北壁）正中画大日如来说法图，两侧各一方菩萨（八大菩萨之部分）。后甬道背面向（南壁）画大型涅槃图。大日如来说法图和涅槃图是后甬道内相对应的两幅壁画。后室左右甬道外侧壁各画菩萨三方（八大菩萨之部分）。左右甬道内侧壁，西壁十一面八臂观音，东壁顶髻尊胜佛母。后室甬道顶饰忍冬莲花图案，圆心双凤（图17）。

第6窟为元代方窟，窟顶为坛城图，左右壁为文殊普贤变，前壁为二忿怒金刚。

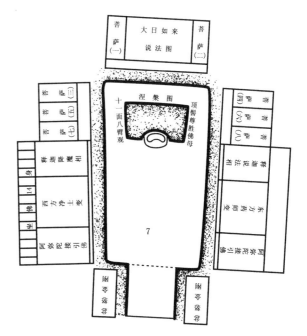

图17　瓜州东千佛洞第7窟壁画分布

第8窟为晚清文人笔意壁画、人物山水、松梅岁寒图等类。

将主要洞窟壁画列表如下：

表一　瓜州东千佛洞西夏壁画内容一览

		第2窟　西夏	第4窟　西夏	第5窟　西夏	第7窟　西夏
甬道		左右壁西夏男女供养人各6身，顶部莲花龙凤图案。	（不存）	（不存）	壁画残剥不清。
前壁		四臂文殊、顶髻尊胜佛母，底部伎乐天一列。	（不存）	右侧不存，左侧界栏上部为塔龛观音一铺、五方佛坛城、一佛五观音，下栏宝藏神及二身忿怒金刚。	窟门两侧忿怒金刚各一身。
左壁	前室	救八难绿度母、释迦说法相，底部伎乐天一列，两端为金刚上师各一。	（不存）	普贤变、绿度母、八塔变相，窟脚十王变及供养人列像。	阿弥陀接引佛、东方药师变、释迦说法相(初转法轮)。
	甬道	落迦山观音中画唐僧取经。	坐佛上下两排6身。	四臂观音(六字观音)、落迦山观音中画唐僧取经。	菩萨三身（八大菩萨之部分）。
右壁	前室	救八难十一面八臂观音、释迦降魔相，底部伎乐天一列，两端为金刚马宝各一。	文殊变、救八难十一面八臂观音，里侧一立佛下一尼波罗式菩萨，并有西夏文题名。	文殊变、三面八臂观音立像、十臂如意轮观音，窟脚十王变及供养人列像。	阿弥陀接引佛、西方净土变、释迦降魔相。
	甬道	落迦山观音中画唐僧取经。	坐佛上下两排4身。	持金刚菩萨，四臂文殊菩萨。	菩萨三身（八大菩萨之部分）。
正壁	前室	八坐佛两铺，上方左右侧布袋和尚。	浮雕塔龛画西夏上师，左右壁西夏男女供养人。	佛龛两侧各分十格画佛教故事。	佛龛两侧各画一飞天。
	后室	中绘大型说法图，两侧绘药师佛。	(壁画剥落)	中绘千佛40余身，左侧犍陀罗国分身瑞像，右侧观音。	中绘大日如来说法图，两侧各绘一菩萨（八大菩萨之部分）。
中心柱	左面	娑罗树，菩萨。	菩萨一铺，外围眷属。	金刚界坛城图。	顶髻尊胜佛母。
	背面	大型涅槃图。	(壁画剥落)	大型涅槃图。	大型涅槃图。
	右面	娑罗树，菩萨。	菩萨一铺，外围眷属。	毗沙门天王坛城图。	十一面八臂观音。
顶坡	前室	顶中及四坡绘金刚界坛城及四方佛说法会。	大部残去，仅存部分孔雀衔花图案。	窟顶绘坛城图，大部残剥，边缘残存上师天王等。	（窟顶残毁）
	后室	甬道顶卷草莲花图案，圆心为坐佛。	甬道顶画立佛。	甬道顶单枝牡丹图案。	甬道顶忍冬莲花图案，圆心双凤。

贰 壁画内容之考述

东千佛洞壁画内容，既继承了唐宋以来的汉画传统，又大量引进了藏密成分。数量上大体是汉、藏参半，在一个洞窟里有的汉风图形占的比例大，有的则是藏传密教图形占的比例大。汉风壁画主要有尊像画、经变画、故事画，大乘经变画不再是主要的，降低到最低程度。还有为数不多的汉密风格的壁画，它们是唐密的传承，具有汉画的风格。来自藏密的图形有十多种，藏密本来就融会着印度密教的成分，可以称作印藏系列的图形，它们绘制于汉地，不可避免的融入汉密的内涵，在构图和画风上仍遵循着藏密的基本原则，这些被引进的新鲜成分，倍受人们的关注。西夏壁画贵在兼容并蓄，风格上杂陈而有序。从而形成了区别于前代的西夏自创壁画。

1.尊像画 经变画 故事画

释迦涅槃图。是佛教创始人释迦牟尼世尊入灭的相状，佛经记载释迦牟尼四十五年间说法教化众生，化缘既尽，于中天竺拘尸那城跋提河边娑罗双树间，一日一夜说大般涅槃经毕，头北面西，右胁而卧，乃入灭①。西夏壁画中着意重点表现的图像，将它安置在后甬道背面，与后甬道正面的说法图或千佛图相对应，第2、5、7窟共3幅，加上第5窟八塔变中的涅槃共4幅。其基本框架源自于前代的涅槃图，由于时代之不同，围绕释迦涅槃像出现的比丘圣众、市俗人物、诸神则不尽同于前代。这里出现的人物有常见的菩萨、弟子、大梵天和帝释天、摩耶夫人、四大天王、末罗贵族、执金刚神和密迹力士、伎乐供养、鸟兽供养、裸形外道等等，还出现了变异的俗人抚摸佛足。比起敦煌莫高窟鸿幅巨构叙事性极强的唐代涅槃变，内容情节显得没有那么多，但人物形象突出。旨在表现释迦涅槃的

图像源于犍陀罗艺术。我国北朝涅槃变故事情节不多，固定在几个故事情节上。隋唐时期涅槃变极度的追求故事情节的数量。宋元以后又回归到取繁从简的道路上。东千佛洞这几幅西夏涅槃变可以称得上是同时代的巨幅鸿构，它的构图基本上是北朝、隋唐涅槃变的传承，人物形象却出现了耐人寻味的流变。主要是圣众位置排列的变化和圣众形象的变异。对其内容作如下简介：第2窟（图版25），释迦右胁侧卧，曲右臂枕右手，身后冒着表示荼毗之熊熊火焰。虚空间飘浮着云朵。头前立大梵天和帝释天，身后立举哀众弟子、泣哭的阿难、劝止的阿那律，足跟站立着末罗族长者及俗装贵人摸佛足。寝床前执金刚神、密迹力士、凤鸟、狮子、孔雀、鸟兽供养，坐着的裸形外道。两侧壁娑罗双树下依立着两菩萨。（图18）

图18 第2窟 释迦涅槃

第5窟（图版62），释迦右胁侧卧，曲右臂枕右手。头前恸哭着的摩耶夫人，站在身后仰面的密迹力士。身后举哀众弟子及一铺作舞演奏乐器的伎乐供养，足跟站立两弟子，寝床前

①《大正藏》1册，第23～29页。

图19　第5窟　释迦涅槃

图20　第7窟　释迦涅槃

卧地的人身兽爪执金刚、站立的裸形外道、闷绝倒地的阿难、劝止的阿那律、代表鸟兽供养的一只凤凰。（图19）

　　第7窟（图版75），释迦右胁半卧，曲右臂右手支颐，额际一缕白色化光化显小坐佛（化千佛）。头前站立大梵天和帝释天，床前站着抚摸床沿的老年弟子迦叶，身后举哀众弟子及四大天王，足跟站立着末罗族长者及俗装贵人双手摸佛足，寝床前闷绝倒地的阿难、劝止的阿那律、抚摩床沿的裸形外道，老虎、孔雀、龟、鹤兽鸟供养，一铺作舞演奏乐器的伎乐供养（图20）。

　　第5窟（图版45）八塔变相中涅槃相，释迦右胁半卧，曲右臂枕右手，头前老年弟子迦叶持锡杖站立，身后四弟子举哀，足跟俗装人物摸佛足，床前二弟子举哀，两侧站立着八身菩萨。它是佛传的一部分，图形简约。

　　其内容如表二所示：

表二　瓜州东千佛洞涅槃图内容一览

	第2窟	第5窟	第7窟	第5窟八塔变
涅槃像	右胁侧卧，曲右臂枕右手，伸左臂，叠双脚，身后冒火焰。虚空间飘浮着云朵。	右胁侧卧，曲右臂枕右手，伸左臂，叠双脚。	右胁半卧，曲右臂右手支颐，伸左臂，叠双足。额顶化光中一坐佛(化千佛)，背衬娑罗树及化光。	右胁半卧，曲右臂右手支颐，伸左臂，叠双足。背衬三棵树。
头前	站立大梵天、帝释天。	恸哭着的摩耶夫人、站在身后仰面的密迹力士。	站立大梵天、帝释天，抚摸床沿的老年弟子迦叶。	恭立双手执杖剃发俗装的人物，似为老年弟子迦叶。
身后	悲伤的众弟子、泣哭的阿难、劝止的阿那律。	悲伤的众弟子，一部伎乐供养。	悲伤的众弟子、身着戎装的四大天王。	悲伤的众弟子四身。
足跟	站立着末罗族长者，跪着俗装贵人，双手抚摸佛足。	站立着两弟子。	站立着末罗族长者，跪着俗装贵人，双手抚摸佛足。	站立着俗装人物，双手抚摸佛足。
寝床前	卧地的执金刚神、密迹力士、凤鸟、狮子、孔雀，鸟兽供养，坐着的裸形外道。	卧地的人身兽抓执金刚神、站立裸形外道、倒地的阿难、劝止的阿那律、凤凰。	倒地的阿难、劝止的阿那律、抚摸床沿的裸形外道，跪着举拳执金刚神，老虎、孔雀、龟、鹤兽鸟供养，一铺伎乐供养。	似为泣哭的阿难、劝止的阿那律。
备注	左右壁立于娑罗树下的菩萨，背衬河流、云朵。仍为涅槃像的一部分。			释迦左右两侧站立八菩萨。

涅槃图中释迦皆右胁卧于七宝寝床上，头枕饰有花纹图案的圆筒锦枕，有侧身平卧的，也有侧身半卧的。前者第2、5窟侧身平卧，曲右臂垂于床沿，头枕右手；后者第7窟侧身半卧，曲右臂右手支颐。皆平伸左臂，身躯平直，叠双足。头施螺髻或磨光髻，通用的手法是将其涂成宝蓝色。扁平的低肉髻前严浅色宝石。比起前室释迦降魔相、释迦说法相藏式高尖状肉髻，有着不同的传承。扁平的低肉髻是宋代佛髻通用的艺术处理手法，而高尖状肉髻则为藏传佛教的艺术处理手法，本窟

两种艺术处理手法并存。第2、7窟释迦两眼微闭陷入沉思状态，第5窟释迦两眼微作俯视，还将手掌五指展开枕于头下，显得平稳而又安详。涅槃像均身着红色袈裟和蓝绿交替的衣缘及衣裙。七宝寝床上铺有图案精美的花团似锦的毡毯和锦褥，床沿分别饰有方格和菱形的装饰。七宝寝床和枕头装饰相当高贵华丽，衬托出释迦崇高的地位。

第2窟涅槃像身后火焰升腾，熊熊烈火围绕身躯燃烧，预示着将要荼毗。第7窟释迦额际显化一小千佛，似为"一一光

明有千佛"的化千佛，为它处少见。

在衬景方面，第2窟虚空间漂浮着彩云；第7窟一侧为娑罗树，一侧虚空间为绿、红褐、赤、赭四色色带组成的外射光芒。娑罗双树是不可缺少的，涅槃图佛经所记，释迦于中天竺拘尸那城跋提河边娑罗双树间入灭，尔时四边双树开白花。从犍陀罗艺术到后来的涅槃像中娑罗双树是其主要场景，第2、7窟都画娑罗双树。

第2窟中心柱左右两侧面，各画跋提河边娑罗双树下倚立着一身姿态优美的波罗式菩萨。虽然是两个独立的画面，本人认为它仍是后壁涅槃变场景的伸延，是涅槃变必要的组成部分。由于独立于主画面，更有空间表现跋提河和娑罗双树这一必要的部分。

这两幅画意境深远，虚空间中飘浮着滚动的彩云。前景为碧波荡漾的河流，河边生长着一棵亘年古树，倒垂着的绿色枝叶茂密而轻柔，左侧这棵大树还盛开着朵朵小白花，右侧这棵大树则没有小白花，都倚树站立着一身波罗式菩萨，身赭黄色，圆形赭黄色头光。菩萨头戴单层镶嵌珠宝的三叶化佛冠或五叶化佛冠，发髻形状已模糊不清，秀发垂肩。穿白缘绿色露腹短袖紧身衣，下着白色迷你裙，脚穿网格纹肤色长腰袜。所佩项链、璎珞、手镯、臂钏、脚镯秀丽而精致。身姿作三道湾，头部微倾，腰肢作适度的扭动，一腿微屈，脚掌外翻，以致全身重量都落在另一条腿上，站在莲花座上。

左壁的这身菩萨右手上举头顶捻花枝，左手自然下垂握着净瓶，施洒甘露，以甘露施饿鬼。下面有三个饿鬼：一站立着的饿鬼双肩扛着一小儿状饿鬼，举双臂欢喜引颈吸食甘露，而甘露汁则直入小儿口中；另一饿鬼披着长发，坐在地上目光投向净瓶，举手示意（图21）。右壁菩萨左手上举头顶捻花枝，右手自然下垂施七宝，以七宝施贫儿。可见铜钱等物从手掌中流出，

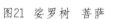

图21 娑罗树 菩萨　　　　　　图22 娑罗树 菩萨

下面并立二贫儿仰面张望，另一贫儿跪地乞讨（图22）。

娑罗树见于喜马拉雅山麓到印度全境，系半落叶且高大的乔木，3月份左右开小白花，由于树叶颇似马的耳朵故又称马耳树。佛经记载，释迦入灭时"娑罗树非时而开花怒放"。本幅壁画更符合释迦涅槃所在地跋提河边，娑罗双树小白花非时而放的意境。这里应是娑罗树而不是菩提树。树下的两身菩萨，有学者作了周密的考订，定名为施甘露观音和施财宝观音。它和涅槃变之间的关系值得进一步研究[①]。

第7窟娑罗双树画在涅槃像头部，树冠枝头上盛开着一朵朵簇拥在一起的红蕊浅绿色花朵，与第2窟娑罗树有着不同表现方法，近似图案化。第5窟画面残损，娑罗双树已损失。

释迦头前站立着身着天人装双手合十神情肃然的大梵天和帝释天，第2窟天人头顶黑色秀发结满饰花钿的扇形发髻，第7窟

①郭佑孟：《东千佛洞探秘》，刊《历史文物》第145期，台北国立历史博物馆，2006年。

天人戴花冠，冠中光焰中绘小坐佛。它们都是额部开天眼，双唇上下蓄八字形和蝌蚪状胡须，正圆形头光。两菩萨大小相等，没有主次的区别，它们的身份应是大梵天和帝释天。涅槃经中大梵天和帝释天是固定的诸神，在犍陀罗艺术中作为释迦的守护神大梵天和帝释天经常成对出现，如"树下诞生"、"灌顶"、"七步"、"梵天劝请"、"从忉利天降下"、"涅槃"等场面，屡屡出现大梵天和帝释天的二神的组合。它们的形象多作王侯贵族的形象，有时也以天人形像出现，也就是菩萨装也屡见不鲜。第2、7窟的大梵天和帝释天都作天人装①。这里还可以引证的是新疆克孜尔石窟涅槃图，新疆克孜尔石窟涅槃图和东千佛洞涅槃图一样，相当多的涅槃图位在中心柱背面的甬道两壁，部分图中天人装的大梵天和帝释天也是主要图形，过去统称举哀菩萨，新论区别出它们是大梵天和帝释天②。

第5窟涅槃图头前为恸哭着的摩耶夫人，图像特征很明显，很容易识别。摩耶夫人头顶束发结髻饰满珍宝，双耳垂环，身穿交领红色衣裙，显然是俗人装束。衣袖掩嘴哽咽无语，神情痛楚，红色头光区别她是天人。其左右侧由两侍女搀扶着，突出了女主人的身份。摩耶夫人的右侧还站立着两人，一女像身穿白色交领窄袖衣，腰束宽带，头戴冠，耳饰环，双臂上举宽大的衣袖挽于头顶，双腿微曲，身躯前倾抑制不住内心的悲痛扑向佛侧。另一身可以确认为密迹力士，密迹力士一般画在寝床前，这里变换了位置画在释迦头前摩耶夫人一侧（详后）。第5窟涅槃图头前以摩耶夫人为中心的人物神情动态异常生动。比起第2、7窟释迦头前站立身着的双手合十神情肃然着天人装的大梵天和帝释天的画面，人物呆滞，缺乏灵动，差距很大。

摩耶夫人在犍陀罗涅槃图中不见，其后在巴米扬及敦煌石窟中迭次出现，在宋、辽、金的涅槃图中已是屡见不鲜。《大唐西域记》卷六《拘尸那揭罗国》："停棺侧有窣堵坡，是摩诃摩耶夫人哭佛之处。"③《摩诃摩耶经》卷12，摩耶夫人"从空中下趣双树所，到娑罗林中已，遥见佛棺即大闷绝不能自胜，诸天女等以水洒面，然后方苏，前至棺所头顶作礼"。

举哀的十大弟子是涅槃像中最重要的人物，它们多数站立在释迦身后，有特殊身份的阿难、劝止的阿那律则倒卧在释迦床前。这几幅涅槃图中各图所绘名数不一，多为10身。第2窟涅槃像身后站立着11身举哀弟子，均着僧衣。以佛头为始：第3身和第4身合抱张嘴痛哭，第6身弟子匍匐到第5身弟子的怀抱里显得异常悲伤，第9、10、11身则为闷绝于地的阿难，劝止的阿那律和一身一般弟子。弟子举哀的情节表现得很充分，人物表情描绘得细腻而又夸张，有的仰天号啕大哭，有的近于昏厥不能自持，有的两人合抱痛哭，有的弯腰低首暗自哽咽，更多的是陷于沉思。总的来说，所有举哀弟子神情举止比较温和，没有那些揪头发、用刀子刺胸和劓面的过激场面。第5窟涅槃像身后站立着8身举哀弟子，均着僧衣。举哀弟子表情形象亦很生动，但多数形象残剥，细节部分已模糊不清。以佛头为始，第4身执锡杖，似为迦叶。寝床前是闷绝倒地的阿难、劝止的阿那律和一身一般弟子。第7窟涅槃像身后站立着6身举哀弟子及四大天王。弟子均着僧衣。以佛头为始：第1身双手紧握双拳于胸前，凝视远方若有所思；第2身用一手揪耳朵，神情沮丧；第3身双手撕面，神思恍惚；第4身右手槌打左胸部，悲愤交加；第5身衣袖掩嘴，哽咽无语；第6身双手抚胸，

① 金申：《辽代舍利石棺上的涅槃图》，刊《佛教美术丛考》，科学出版社，2004年。

② 姚士宏：《克孜尔石窟壁画上的梵天形象》，刊《敦煌研究》1989年第2期。

③《大正藏》51册第904页，《大唐西域记》卷六《拘尸那揭罗国》刊。

陷入沉思。这些悲泣的哀悼场面，如揪头发，用刀子刺胸和劈面，表现了中亚独特的哀悼方式，也是中原涅槃图的延续。在我国涅槃图里亦有这种图形，如敦煌中唐第158窟涅槃像举哀圣众中有的人以刀割耳，有的人以刀剖胸，有的人持刀割鼻，有的人以剑刺心。就是这类哀悼方式中画幅相当博大人物形象逼真的壁画[1]。寝床前跪坐着啼哭的阿难和劝止的阿那律，但构图有着殊为迥异的地方，中间这位弟子鼻嘴之间覆盖着一方纱巾，表情极为痛苦，双臂下垂，身躯向后倾斜，头发染成宝蓝色，因没有头光又似为世俗人物。左侧弟子绿色头光，着僧衣，侧身左手扶着中间这位的下巴，右手举钵，似在为中间这位进水或进食，嘴唇微启似在叙说着什么。另一位弟子用手轻扶着中间这位弟子，表情茫然（图23）。老年弟子大迦叶则在

图23　寝床前跪着的举哀弟子

释迦头前，剃发，着僧衣，右手抚摸床沿，左手支下腭，侧身，双目投向释迦，嘴唇微启似在叙说着什么（本人过去曾认定此人物为先释迦入灭的老年弟子跋陀罗，但因未见以火焚身，入禅定的图形，应以老年弟子迦叶为是）。与传统涅槃图比较起来迦叶的位置有所倒置，迦叶由位在足跟摸足，转移到头前晤谈。释迦亦是两眼微闭，倾向迦叶一侧，形成很和谐的关系。迦叶是涅槃图中主要图形要素，传统涅槃图是迦叶摸足，已知的卡毗希地区出土的浮雕已经定型化了，在巴米扬及我国新疆克孜尔石窟涅槃图中已经成为重要的要素，是为延续千年通行的图形而流传。宋、辽、金流行俗人摸足的图形。东千佛洞第7窟涅槃图大迦叶则调整为释迦与迦叶最后的告别。变成了迦叶在佛头前晤谈，应是释迦临终嘱托迦叶多事，如嘱托迦叶把袈裟交给弥勒，明确弥勒是接班人等，在佛经里有所记载[2]。在对弟子的认定方面，这几幅涅槃图中都有啼哭的阿难和劝止的阿那律。只有一副是弟子大迦叶在释迦头前，属释迦临终向大迦叶嘱事。众弟子致哀的表情第2窟有的比较冷寂，属传统范围。第7窟有揪耳、撕面、捶胸等激烈行为，有中亚成份。

四大天王供养，仅在第7窟的释迦涅槃图中有所表现，位在释迦涅槃像举哀弟子身后。这里仅能看到头部，有头光，它们头戴头盔身着戎装，双手抱拳，宛若气宇轩昂的武将。其面部表情相当丰富，浓眉竖立，瞪圆双目，咬紧牙关怒不可遏。天王是佛教的四方守护神，即北方多闻天王，东方持国天王，

①贺世哲：《敦煌壁画中的涅槃变》，刊《敦煌石窟论稿》，甘肃民族出版社，2004年。
②[日]宫治昭著、贾应逸译：《孜尔石窟涅槃像的构成》，载《龟兹文化研究》（三），新疆人民出版社，2006年。

南方增长天王，西方广目天王，各把守一方。佛涅槃时"尔时四天王复作颂曰：如来无上智，常说无常论，解群生苦缚，究竟入寂灭"与忉利天王、焰天王、兜率天等诸神和佛弟子一起唱颂词①。

俗人抚摸佛足和末罗贵族供养，是这几幅涅槃图中很鲜明的人物形象。释迦涅槃图足跟出现的人物，第2、7窟各为一蓄发长须世俗人物两手抚摸佛足，身后站立着一位头戴七梁冠或戴冠蓄发身着官服的富贵相人物。第2窟摸佛足者浅绿色头光，蓄发，梳理得很俊洁的乌黑的头发挽髻于头顶，发簪绾髻，下巴蓄着长长的胡须。着圆领浅色衣腰束带，侧身弓立于寝床前，恭虔地用双手展开五指平放在佛足上，轻柔地抚摸着佛足，两眼凝视，若有所思。第7窟摸佛足者深棕色头光，同样是蓄发留胡须，黑色发须已经褪色变得不清晰，仅显部分发须，褪色部分墨色痕迹依然可见，头顶挽髻，饰有白、黑色花纹的发套束髻；着蓝色白缘交领衣，下着裳，侧身眼神汇集在佛足上，同样是双手展开五指平放在佛足上轻柔地抚摸着佛足。这两人都是蓄发留胡须着袍服的世俗人物。第5窟八塔变中涅槃像摸足者也是戴冠蓄发着袍服的一位长者；榆林窟第3窟八塔变中涅槃像亦是戴冠蓄发着袍服的一位长者抚摸佛足。它和传统的老年弟子迦叶摸足发生了理念上的变化。由世俗人物抚摸佛足不单是西夏境内这几幅涅槃图是这样，在宋、辽、金的涅槃图中，俗人摸足是普遍采用的图形：如北宋辽乾统五年（1105年）舍利石棺上的涅槃图；河北定州净众院舍利塔地宫辽代壁画涅槃图摹本，地宫内有太平兴国二年（977年）墨书题记；辽宁朝阳北塔天宫内银棺线刻涅槃图同时发现的金银经塔线刻图上重熙十二年（1043年）题记。到了元明时期涅槃图中世俗人抚摸佛足仍然是一种主要图形，例如麦积山石窟第1窟明代重修的北魏释迦涅槃塑像就是一世俗官人抚摸

着佛足。俗人抚摸佛足这种理念的变化带来图形上的变化，不知是出于社会原因，还是宋、辽、金、西夏时所依据的经典不同逐渐演化的结果，我国研究涅槃图像的专家尚无定论，有待今后进一步研究②。第5窟释迦涅槃图脚跟站立的是两位僧人，从排列顺序上看他俩是身后十弟子中的两位，可是这两位没有头光，剃发，着红色交领僧衣。前一位以右手指向后一位的面部似在叙说什么。后一位站在寝床边，头部低俯，面容已经很模糊，可以看见半张着嘴巴裸露出洁白的牙齿，仍是一副举哀的神情，轮廓显示是剃发的僧人。两者都围绕佛足，手臂并没有落到佛足上，未能找到以手摸佛足的笔迹，应考虑是最后的告别。如果图形显示有以手摸佛足的动作，无疑是传统的迦叶摸足。这一时期虽然有俗人摸佛足的图形出现，但迦叶摸足的图形仍然存在，而且是主要图形。

第2、7窟摸佛足者身后站立的富贵相人物，可能是末罗族贵族。第2窟浅赭色头光，头戴帝王所戴的通天冠，面部白俊，蓄着长长的胡须，身着白色衣缘蓝色袍服，双手胸前合十，脚登笏头履，表明他是官人或族长。第7窟同样蓄着胡须的官人，深赭色头光，头戴通天冠，仰面凝视远方，身着蓝缘广袖深赭色袍服，腰束浅色裳，两臂下垂，比起第2窟更具帝王相。这两身站在俗人摸足之后的官人，就其身世和位置来看应是末罗贵族首领。实际上释迦在古印度末罗国拘尸那城入灭后，葬仪是由当地居民末罗族人举行的。在犍陀罗涅槃像中，末罗贵族作举哀动作多见，这里则作官人相装束站在一侧吊唁。摸足者与末罗贵族都是站在释迦涅槃脚跟，而且形体着装

①《大正藏》1册，第27页，《长阿含经》（卷四）。
②金申：《辽代舍利石棺上的涅槃图》，刊《佛教美术丛考》，科学出版社，2004年。

近似，它们之间处于什么关系呢？是否可以认为摸足者同样是末罗贵族族人，从图像上看两者是相关联的，但还需要找到佛经上的依据。

执金刚神，是涅槃图中一定会出现的神，东千佛洞的壁画中也得到充分的表现。它是显示"力量"的守护神，在犍陀罗涅槃图中手执金刚杵。这里金刚杵已被省略，和执金刚神同时出现的是密迹力士，它们位在寝床前，或站立在佛头前。第2窟寝床前两侧悲咽欲绝跌倒在地的金刚神和密迹力士，它们都是睁大双眼张大嘴巴仰面作嚎啕状，又似有所乞求仰视上方。均着力士装，头顶结发，佩项圈、臂钏，裸身缠腰布，下着裙，体魄健壮。右边这位是右手抚于胸前，一副悲痛欲绝的样子。左边这位是举右臂紧握拳头，悲痛之中显示出力量。第5窟执金刚神站立于释迦头前恸哭着的摩耶夫人身后，亦紧握双拳，作呵护状。红色肌肤，袒身下着裙，身佩项圈、臂钏、手镯，头部束发并饰以浅色丝巾，饰物看起来已很不明显。双手紧握于胸前，仰面张嘴作号啕大叫状，其神情即有悲痛欲绝的一面，也有显示力量呵护佛法的一面。在其膝下立一剑状之物，剑锋击破白色囊袋。第7窟金刚神侧身仰面双膝跪坐于寝床前，更多的看到的是侧背面，头顶束发饰花钿，裸身缠蓝色腰布，佩臂钏、手镯，下着裙，神情凄楚悲伤地向上张望。在释迦涅槃图中同时出现两身者可以推断为执金刚神和密迹力士，一身者为执金刚神。金刚神见佛灭度挥臂踊跃，闷绝于地，因悲伤过度在犍陀罗及我国北朝以来涅槃像中多将金刚杵摔在身边，但在东千佛洞的涅槃图中未见金刚杵，从人物表情、肌肤、着装等形象上可以肯定它们是金刚神。它们是涅槃图中数量不多却是最常见的神。《佛入涅槃密迹金刚力士哀恋经》云："密迹金刚作是语已，恋慕世尊，愁火转炽，五内抽割，心膂磨碎，躄踊闷绝，譬如岩崩，颠堕于地。"

裸形外道，均位在寝床前，全身赤裸，不着任何衣饰。第2窟裸形外道作正面双腿叉开蹲坐的姿势，半张嘴巴向前召唤，侧面仰望释迦，右手扶床沿，左手抚在胸前。第5窟裸形外道作行走状，面貌狰狞，身上有尾毛。第7窟裸形外道取背立的姿势，回过头来双手抚摩床沿。裸形，梵语"acelaka"，又作露形外道、无衣外道。古代印度二十种外道之一。为尼干子外道二分派之一，即空衣派，提倡以大空为衣之裸体生活，以裸形为正行，又称无惭外道。提婆菩萨所举二十种外道之第六，即裸形外道论师。寒天裸形，趋拜神佛，以裸形外道之遗风。新《华严经》卷二十五曰："愿一切众生，得惭愧衣以覆其身，舍离邪道露形恶法。"

鸟兽供养。第2窟为寝床下之字形并列着凤凰、狮子、孔雀。站立的凤凰展开双翼，蹲坐的狮子回首张望，站立的孔雀展翅欲飞拖着美丽的尾巴。第5窟只有狮面人兽和凤凰对应地守护于寝床两侧下。狮面人兽跌倒于寝床前，头发卷曲作螺发状，竖着耳朵，仰面龇嘴露出锋利的獠牙，裸体，臂趾间长着尾毛，虽是人身确是兽爪，四肢上长着锋利的爪子，拖着长长的尾巴，两臂上举。另一侧的凤凰则是侧身站立。第7窟寝床下一字形并列着老虎、孔雀、龟、鹤。蹲地的老虎在张嘴呼啸，鹤在引颈长鸣，还有站立的孔雀、龟。以上鸟兽供养，其名数不一，第2窟3身，第5窟为2身，第7窟4身，它们象征着鸟兽供养。《涅槃经》中鸟兽供养屡屡提到，"复有二十恒河沙等师子兽王……持诸花果，稽首佛足却住一面"，"复有二十恒河沙等诸飞鸟王……来至佛所，稽首佛足却住一面"。

伎乐供养。第5、7窟各有一铺伎乐供养，有天乐供养和俗乐供养。第5窟一铺俗乐供养，位在涅槃像身后接近脚跟的地方，列于举哀弟子末端。此处壁画已漫漶不清，但人物形象大半尚可辨认。为首者为一双手捧罐女妆人物，侧身面佛，头顶结突出前额的特大假发。古代妇女盛戴发束,用金属丝或藤木之类编成框架,覆以发束缯帛而成的高髻,谚云:"城中好高髻,四方高一尺"。西夏是否流行这种装饰尚无资料,它是古代妇女善佩之物,是一种时尚的装饰。身着交领衣,肩披红色披肩,似在捧罐奉食,劝令他人进食。身后5身伎乐人,他们持乐器演奏音乐和作舞,一人吹横笛,一人击拍板,二人随后展袖作舞姿,左下方一人击鼓。他们都身着俗装,可以看清楚都是戴着帽子,应为俗乐供养。西夏的乐舞这种组合,其它壁画中常见的乐器有三种,即横笛、腰鼓、拍板,这里能看清两种,击鼓者已不很清楚,其鼓置于前胸若堂鼓,鼓面向上,以槌击鼓。伎乐前有一女奉食,与伎乐人组成香饭伎乐供养。第7窟一铺伎乐4人,位在寝床前四兽供养之后,这是一铺组合得体前后互为照应极为美妙的乐舞,他们都在跨步行进之间起舞演奏乐器。为首的一身侧身双手展长巾起舞,第二身回首聚神吹横笛,第三身躬腰双手击腰鼓,第四身双手胸前击拍板。他们都是天人装,头上束发饰宝蓝色、黄色宝石花钿,袒身斜披络腋,身佩项链、璎珞、臂钏、手镯和脚镯,腰围裙,以带束腿,跣足,应是天乐供养(图24)。《佛般泥洹经》所记,涅槃、敛棺,人天供养多种场景中都有十二部乐供养[①]。也有以舞蹈、歌谣、花环、香料供养释迦遗体的记述。伎乐的出现在肃穆的涅槃图中增加了和悦的气氛,它与外道幸灾乐祸载歌载舞在概念上有所不同。涅槃图中着短裤的外道作舞也较常见。

西夏时期的涅槃像以东千佛洞这几幅最为精美,除此之外,在东千佛洞周边地区尚有几幅较小的涅槃像,它们和东千佛洞一样同属一个模式。如榆林窟第3窟正壁八塔变中的涅槃图,释迦右胁累足平卧于寝床上,头前站立老年弟子迦叶,身后为菩萨、弟子及各国国王举哀,足跟一俗装人物侧身以手抚摩佛足,寝床前无像,围绕涅槃像两侧站立着七佛一菩萨。榆

图24 伎乐供养

林窟第2窟正壁文殊变上方的涅槃图,由入涅槃和焚棺两幅画面组成,涅槃像中释迦右胁累足仰卧于寝床上,右手支颐,头前和足跟五比丘一天王举哀,身后结两髻着俗装女妆人物,似为摩耶夫人及侍从,寝床前跪坐着伏地悲痛呼号的金刚神和密迹力士。此窟定为元代绘画。肃北五个庙石窟第1窟为北朝中心柱窟,元代重修壁画,涅槃图在中心柱背面,所在位置有着与东千佛洞第2、5、7窟完全相同的意景。释迦右胁累足仰卧于寝床上,右手支颐。头前站立着菩萨装的双手合十神情肃然的大梵天和帝释天,身后站立着神情悲伤的弟子8身及二俗

①[西晋]白法祖:《佛般泥洹经》卷下,《大正藏》1册,第173、174页。

人，足跟恭立着一俗装人物以手抚摩佛足，寝床前漫漶不清。西夏涅槃像在这里得到延续，在位置、构图、画风方面有着密切的传承关系，属于同一系列。

落迦山观音图（水月观音图）。东千佛洞共有3幅落迦山观音。第2窟两幅，第5窟一幅。

第2窟的两幅落迦山观音图（图版20）位在南北壁甬道里侧对应的位置。两幅落迦山观音构图相仿，称为双落迦山观音。均一侧为坐着的落迦山观音，另一侧为唐僧猴行者一行参拜观音，虚空间漂泊着扈行的大梵天王（或帝释天）一行，绘出了唐僧一行拜谒落迦山观音的主题。

南壁那幅落迦山观音图，观音结跏趺坐侧身坐于金刚宝石上。头戴宝冠，秀发垂肩，一道披帛从颈际下垂绕于臂腕间，祖露胸腹，腰间斜披一领络腋，颈项、臂、腕、踝间皆饰项圈、璎珞、钏、镯等饰物，局部敷贴金箔。左手掌心向上置于腹际，右手展阅经卷，双目凝神在经卷上，神态自然恬静。身侧的经箧已开启，净瓶柳枝置金刚高台上。身后衬托着嵯峨耸立的奇石，石间生长着几株幽雅翠竹，格外显得醒目，树上盛开鲜花，身后泛起一朵朵白云。观音身前面临一条绿色大河，荡漾的水波萦绕着观音，岸边生长着莲花和芳草，耀眼的蓝宝石闪闪发光，水面碧波涟漪。天空飘动着白色的祥云。对岸大树下，唐僧和猴行者师徒二人一行牵白马隔水遥望彼岸的观音，唐僧已经下马，猴行者牵着马。唐僧头上有头光，作中年僧人形象，着大袖襦裙，外披红色袈裟，脚蹬云头履，侧身双手合十向观音敬礼，显得十分虔诚。猴行者，一双神眼举目滚动，龇嘴露齿，微有几分凶相，披发束金环，身着长衩衣，腰束带，小口裤，麻鞋，左手举拳遮额定睛眺望，右手握马缰，随从在唐僧身后，显得很精干，警觉性很高。白马站在猴行者身后，背向而立，侧首也在张望观音，协调了人物之间的关

系，增强了画面的稳定感，备红色鞍鞯并未驮物。下侧的水面上飘浮于空际的云朵光焰中乘行着大梵天（或帝释天）。大梵天着帝王装，头戴通天冠，身穿大袖袍，腰束蔽膝，手捧曲柄香炉，神情自如。前有侍女举幢，后有文吏抱着经卷，手里还握着一枝笔，随行武士张旗护持（图25、图26）。

图25 第2窟 南壁落迦山观音

图26 唐僧取经

北壁这幅落迦山观音，其趣意与南壁完全相同，观音顶戴化佛宝冠，身严饰物，屈左腿舒右腿脚踩红莲坐在山石上，右手扶地，左手抚于膝上，神情极为安祥。身右侧安放着已开启的经箧，身左侧金刚台上净瓶安于琉璃碗中上插柳枝。净瓶为观音常见的法物配伴。大河彼岸仍是唐僧、猴行者师徒二人牵马朝拜观音。而猴行者的妆束较南壁约有变化，着武士短衫，腰系带，胫裹行缠，足登麻鞋，右手牵马，左手持金环锡杖，紧依白马回首观望。马侧身而立面向观音，备红色鞍鞯未驮物载经。这幅画漫漶不清，大大削减了观赏价值，因此也产生了描述的混乱，有的描述为白马负经东归，实际上并未载物。本图与南壁所不同的是唐僧、猴行者身前升起了虚光，唐僧、猴行者在虚光笼罩中礼敬菩萨。这正是北宋业已流行的文学作品《大唐三藏取经诗话》所描写的情景。下端大梵天神行云端，手拿曲柄香炉，前有童女盘中奉供品，后有文士怀抱经卷，武士张大旗（图27、图28）。

图28 唐僧取经

第5窟落迦山观音图（图版61）大半残去，观音身白色双臂叉开舒右腿坐在山石上，顶部引出一缕白色化光，背衬巨大的圆形月轮。月光水色鳞石翠竹是其主要衬景，前面是浩淼的点缀着花色的水面。身右菱形山石和翠竹并茂，身左菱形山石平台上净瓶里插着盛开的莲花，下面散置着珍宝。唐僧、猴行者一行在左下角，唐僧只见有头光，人像不存；马身大半残去，仍可看见白马引颈在地面上食草；猴行者依白马而立，上身残去，下身着胫裹，行縢，足穿麻鞋（图29）。在构图上与肃北五个庙几幅落迦山观音相近似。

第5窟正壁右侧一幅残画，从残迹上看似为观音，中心人物残去，仅残存一段身光及左侧部分山石衬景，其菱形山石衬景的构成，仍可能是又一幅落迦山观音，与左壁里端的落迦山观音相对应，形成双幅对称布局。

落迦山，全称布呾洛迦山（potalaka），意为光明山、海

图27 第2窟 北壁落迦山观音

图29 第5窟 落迦山观音

岛山、小花树山，是印度主要佛教名山之一，位在西高止山脉（Western Ghats）今提那弗利县（Tinnevelly）境内。信徒竞相前往巡礼，影响广远。佛典记载它是观世音菩萨显圣的地方，它的自然环境幽深，佛籍所记此山："泉流萦映，树木翁郁，香草柔软，右旋布地"，"秣剌耶山东有布呾洛迦山，山径危险，岩谷敧倾，山顶有池，其水澄镜，派出大河，周流绕山二十匝，入南海。池侧有石天宫，观自在菩萨往来游舍。其有愿见菩萨者，不顾身命，历水登山，忘其艰险，能达之者，盖亦寡矣。而山下居人，祈心请见，或作自在天形，或为涂灰外道，慰喻其人，果遂其愿"①。可见此山隐密，能登临落迦山者实属不易，能入石天宫见到观音者更不容易，虔心的信徒只有在山下隔山隔水遥拜。

在我国佛教圣地中，普陀山和布达拉宫均由此得名，均系观音菩萨的道场，或处海岛或处高山。若据《大唐西域记》的记载，当年西去求法僧玄奘因故并未到过落迦山。西夏壁画中的唐僧遥拜落迦山有其艺术处理上的虚幻性，这是佛教徒心目中的圣地②。

在我国观音的画像早已有之，但陪衬圆光翠竹，山石嵯峨，水波浩淼，彩云飘浮的水月观音，始于中唐。唐代大画家周昉"妙创水月之体"。在西京胜光寺"塔东南院，周昉画水

月观自在菩萨掩障，菩萨圆光及竹，并是刘整成色"③。应该说水月观音的创始原于落迦山观音的底蕴，在艺术上有所升华，配以翠竹、水流、河岸等景色，改换了一个名称，习惯称为水月观音，其形象颇受人们的欢迎。自中、晚唐以来日益流行，仅在莫高窟、榆林窟、东千佛洞、肃北五个庙石窟、酒泉文殊山等处，可见五代、宋、西夏和元代的水月观音共30余幅，其中属西夏时期的有16幅，约占半数。在敦煌藏经洞发现的纸绢本水月观音也有五六幅，这些水月观音中，主在突出观音，具体配景和情节有所不同，多数并不是唐僧参拜落迦山观音。所以东千佛洞这3幅落迦山观音图中出现唐僧取经图有它的独特性④。

唐僧取经图是根据纪实性的《大唐西域记》演变过来的，唐僧法名玄奘，唐贞观元年（627年）赴印度取经，经历了千辛万苦，于贞观十九年（645年）回国，前后历时17年，带回了大量的经像，成为我国著名的佛学家、翻译家、旅行家和中印文化交流使者。有关唐僧赴印度取经的故事，在流传过程中不断加入神话色彩，其后出现了《大唐三藏法师取经记》和《大唐三藏取经诗话》这样一些民间文学作品，演变出猴行者伴唐僧在取经途中降妖伏魔的神奇故事，也有大梵天伴陪取经人马随行的内容，并赐猴行者金环锡杖等物。到了吴承恩《西游记》中，这位伴唐僧西行的猴行者变成孙悟空，手握金箍棒大闹天宫，战胜各种妖魔鬼怪，排除前进途中的艰难险阻，更是笔笔生辉。文学界长期讨论的一个问题，创作猴行者的原型

①《大正藏》51册，第932页。
②季羡林等：《大唐西域纪校注》卷十《秣罗矩吒国》，中华书局，1985年。
③张彦远：《历代名画纪》卷三、卷十。
④敦煌文物研究所编：《敦煌莫高窟内容总录》，文物出版社，1987年；王惠民：《敦煌水月观音像》、刊《敦煌研究》1987年第1期。

来自何方？究系何人？有一种说法是源于我国民族传统文化的猿猴故事无支那演变而来①；也有一种说法，是印度史诗《罗摩衍那》中的神猴哈奴曼②；还有混血猴说，佛典来源说等。虽有多种说法，终无定论，我们只能将它作为一种文学作品看待。玄奘取经图作为壁画见于记载的是五代时杨州寿宁寺"唯经藏院画玄奘取经一壁独存，尤为绝笔，叹息久之"③。（《于役志》）这是能见到的玄奘取经图的记载，有否猴行者不可确知。

东方八佛图。第2窟（图版11）前室正壁二铺八佛，每铺8身，总计16身佛像，作竖四横二排列，佛像皆低平肉髻，着交领大衣，结跏趺坐，结禅定印，月轮形背光，颇似千佛的汉风造型。八佛的组合很少见到，处于正壁中心部位更是鲜见，据隋阇那崛多译《八佛名号经》佛应舍利弗之问所说东方八佛名号：（一）东方难降伏世界之善说称功德如来，（二）东方无障碍世界之因陀罗相幢星王如来，（三）东方爱乐世界之普光明功德庄严如来，（四）东方普入世界之善斗战难降伏超越如来，（五）东方净聚世界之普功德明庄严如来，（六）东方无毒主世界之无碍药树功德称如来，（七）东方侧塞香满世界之步宝莲花如来，（八）东方妙音明世界之宝莲花善住娑罗树王如来。得闻东方八佛名号，可以获得种种好处，"县官恶贼不能得便，火不能焚，水不能漂，恶龙恶蛇不能毒害，若行若住狮子虎狼熊罴豺豹，夜叉罗刹诸恶鬼神鸠盘荼等及人非人，能作警惶无有是处"④。另有，元魏天竺婆罗门瞿昙般若流支译《佛说八部佛名经》，所列八佛名号并不相同，两经都是有关东方八佛名号的经典⑤。

行道药师佛图。第2窟（图版22）两铺行道药师佛立像，它们位在后室正壁两侧，左右对称，可称为双幅药师佛。构图简练以突出主要形象，表现了药师佛的庄严仪态和充满慈祥的神情。

左侧药师佛发饰涂成宝蓝色，低平肉髻，饰髻珠，身赭红色，穿百衲袈裟，双脚站在莲花座上，微侧身作缓缓前行的姿态。右手持配环锡杖斜靠在肩上，左手托透明的琉璃色药钵于胸前。左右二弟子双手合十躬立，虚空间背衬彩云。

右侧药师佛形同左侧，身赭红色，身躯微微向右倾斜，变换成左手执锡杖，右手曲臂下垂，手托琉璃色药钵，下方三饿鬼奋力举起一饿鬼，皆举首张望琉璃药钵，似有所乞，可称为满愿药师佛。左侧站立着二弟子，一作外缚印，一双手合十躬立。

行道佛的形象早在南北朝时期就出现了。有释迦行道像，如麦积山石窟碑刻中表现释迦教化众生的行道像。此类持锡杖、药钵的行道药师佛立像，在敦煌莫高窟中比较常见，如第310窟西夏重修的隋代洞窟中，主室西壁龛外南北各绘药师佛立像，榆林窟中唐第25窟正壁则有具波罗式画风的清净法身卢舍那佛为主尊的八大菩萨壁画，左侧也是行道药师佛。

阿弥陀接引佛图。第7窟（图版65）前室左右壁对应的位置上，有二幅构图完全相同相当重要的阿弥陀接引佛图，可以称其为双接引图。依净土之说，修净土法门者，具足善根福德因缘，持名念佛，乃于一心不乱，于临命终时，阿弥陀佛必来接引往生净土。东千佛洞故名接引寺，可能与此幅壁画有关，

①《鲁迅全集》第8册，第300页，1959年；有见吴晓铃《西游记》和《罗摩延书》，刊《文学评论》1958年1期。
②《胡适古典文学研究论集》下《西游记考证》，上海古籍出版社，1988年；季羡林：《西游记与罗摩衍那——读书札记》，刊《文学遗产》1981年3期。
③[北宋]欧阳修：《欧阳文忠全集》，第125页。
④《大正藏》14册，第76页。
⑤《大正藏》14册，第74页。

以画名称寺名。也可能第7窟本称接引佛殿。在东千佛洞内接引佛仅此一处，别无它处。

右壁这幅接引佛图被水渍浸蚀，大部画面尚且清楚。阿弥陀佛侧立于画面左侧，立于云团衬托的莲台之上，身黄色，两眼平视，左手下垂右手举胸前作施无畏与愿印。佛的身前绘观世音、大势至二菩萨共同抬着一朵盛开的大莲花，即佛经里所称的执金刚台，俯视着下方。佛的两侧立着文儒的近身二弟子，身后立着左右环顾的二天王。深蓝色的虚空间映现着一座天宫楼阁，飘浮着彩云，散发着各色花朵。

左壁那幅大部漫漶不清，仅可见左上侧部分。佛面正视，站立在画面中间，在佛的前面观世音、大势至菩萨共同抬着一朵盛开的大莲花，其身后站立着虔诚的弟子和气宇轩昂的天王。右侧受水渍浸蚀人物已不清楚，从残迹上看立着一弟子一天王。也就是说它和右壁这幅一样出现的人物是阿弥陀佛，圣众近身的二弟子，抬着大莲花的观世音和大势至二菩萨，身后二天王。虚空映现天宫楼阁，飘泊着祥云，散落着鲜花。

西夏社会对净土宗信仰很深，对阿弥陀接引佛信仰尤深。1909年出土于黑水城遗址（内蒙古额济纳旗）今藏俄罗斯圣彼得格勒艾尔米塔什博物馆的一批西夏绘画中，阿弥陀接引佛图就有七件之多，被俄罗斯学者称之为阿弥陀佛现前来迎接念佛者往生西方净土图。主体为阿弥陀佛及观世音、大势至菩萨共同抬着一朵盛开的大莲花来迎图，随佛归去的人的形象很小处于从属地位，多见的人物是将要登上大莲花的化生童子、树下坐禅的僧人、面露病容的党项族老人、党项族妇人等，它们都笼罩在佛额引出的化光之中，如图三十下画的是党项男子（图30）。还见于木版画，有着相似造型，下角画着一身弟子（图31）。相比之下东千佛洞接引佛壁画仅有来迎图，没有随佛归去的人众。但东千佛洞接引佛壁画场面博大，出现的人物

除了佛身前的观世音、大势至二菩萨共同抬着一朵盛开的大莲花外，尚有二弟子、二天王。人物装饰的异常高贵华丽，艺术水平精湛，是很有影响的艺术作品[1]。

图30 阿弥陀接引佛（出土于黑水城遗址今藏俄罗斯圣彼得格勒艾尔米塔什博物馆）

图31 版画阿弥陀佛接引往生西方净土图

① 李玉珉：《黑水城出土西夏弥陀画初探》，《故宫学术季刊》第13卷第4期，10-20页。张元林：《从阿弥陀来迎图看西夏的往生信仰》，刊〈敦煌研究〉1996年第3期。中村兴二：《日本的净土变相与敦煌》，刊《中国石窟·敦煌莫高窟（三）》，文物出版社。

西方净土变相图。在东千佛洞大乘经变画从所占比例上看已降到次要地位。但西方净土变仍然是久盛不衰，继续流传。东千佛洞第7窟右壁西方净土变已全部模糊不清，但可以想见当初依然气势博大，不愧为佳作。

东方药师变相图。第7窟左壁东方药师变中心描绘的是药师佛的世界法会的场面。在一个极为庄严的宫殿式建筑全封闭的天宫里，其建筑布局是以中轴线为基线，前后排列有序，左右布局对称，前有高耸的山门和由长廊连接着左右角楼，后有巍峨的重檐歇山顶大殿，左面连接着悬挂着金钟的钟楼，右面连接着开启着门扇的经楼，中有左右配殿列于两侧相呼应。前院是一进加护着拦杆极为庄严的七宝莲池，池上架设着两座桥梁。池内莲花怒放，莲蕾中坐着化生童子，还有频伽楼罗及灵禽嬉戏其间。

药师佛端坐在大殿前广场上，可以看清的左侧弟子也托着蓝色琉璃药钵。参加法会的有各种级别不同大小不等的弟子、菩萨、眷属、天王、神将等天国人物，整齐有序地布满广场，延伸到廊檐里各就其位。佛前一铺伎乐手持乐器在演奏天乐。虚空云朵中显现4身化佛。

这里虽然表现的是佛教东方极乐净土世界，但它的建筑布局及建筑形式却采自人间的现实生活。实际上它宛若一座理想中的西夏佛寺，或西夏宫殿建筑，只不过将它换成了佛国人物。殿堂楼阁均作歇山顶或攒尖顶，中脊突起饰以宝瓶，鸱吻异常高大，屋檐两角明显翘起，不仅增加了建筑本身的优美感，明显的具有宋式建筑的特征。宫殿建筑周围都配以熊熊烈火，增加了几分虚幻色彩和神秘感（图32）。

这幅东方药师变的整体建筑布局结构图和榆林窟第3窟观无量经变纯属同一系列，具有同一艺术效果，都是封闭的院子里，前有山门，后有大殿，中有左右配殿，前院是七宝莲池或

图32 第5窟 东方药师变

一水穿流。比较起来东千佛洞这幅对钟楼和经楼表现的更具体，七宝莲池更庄严。稍有不同的是东千佛洞的药师佛端坐在大殿前广场上，榆林窟第3窟观无量佛端坐大殿前。它们都是界画，平直线条都是用戒尺规范，对于建筑来说还是有着充分的表现力，但也有过于规整死板的一面。

文殊变和普贤变。文殊变和普贤变是随着华严思想的兴盛而突现出来的壁画，西夏时仍很盛行。第4、5、6窟左右壁前

部画文殊变和普贤变，都是文殊变在右，普贤变在左。第4、5窟为西夏壁画，第6窟为元代壁画。现存残缺程度不同的3幅文殊变，2幅普贤变。

第4窟西夏文殊变和普贤变，右壁文殊变已漫漶不清，尚可现文殊坐在狮子身上，其余的人物都不清了。左壁普贤变因窟壁损毁，不存在了。

第5窟西夏文殊变和普贤变（图版40），右壁文殊变剥蚀不清，人物也不清楚了。左壁普贤变则很完整，表现的是普贤菩萨率领圣众缓慢地行走于大海祥云之上，正处在赴会听法的途中。普贤菩萨身白色，头戴宝冠，神态安详，身着半披肩袈裟，右手胸前举佛经，左手置于腹际，半跏趺坐，坐于束腰莲花座，背衬多层色带组成的月轮形头光和身光，乘载白象徐徐前行。白象四脚踩在莲朵上，身前驭象奴紧拽缰绳牵引大象，袒身肩披条帛下着裙，长方型脸，两眼直视神情专注，蓄着浓密的短胡须，是力士形象（在驭象者中，有的是力士，有的是于阗王，这里是力士，下面将要介绍的第6窟则是于阗王）。普贤菩萨身后站立二菩萨二弟子，弟子手捧如意或双手合十，菩萨则作与愿印。大象前面善财童子仰面双手合十参拜普贤菩萨。善财童子为华严经入法界品中之求道菩萨，受文殊菩萨之教海遍游南方诸国，参访五十五善知识，遇普贤菩萨而成就佛道。身后一头戴胡帽身穿间色条长袍的于阗王，右手握经卷奉行。云朵极具装饰性，一枚主茎将其连在一起，爆满空间，远处衬托着山景。太空之上飘浮着五件宝物：白色月轮、四出金刚杵、幢、瑞物（盘内盛花朵）、摩尼宝珠等。这幅画以白色为主调，色彩雅淡，云朵占了很大面积，衬托出菩萨之高雅文静。

第6窟元代文殊变（图版78）和普贤变（图版79），右壁文殊变，文殊菩萨头戴宝冠，着绿色内衣，白色窄袖，肩披云肩，手拿嵌宝如意，下着红色饰花裙、白色长裤，结跏趺坐于青狮背的莲座上，月轮形头光和身光。身下于阗王牵狮，头戴胡帽，浓眉重须，身穿胡袍，双手紧握缰绳，雄狮在反首回眸张望。身前站立着胡僧佛陀波利双手捧经箧，及头戴冠帽、蓄大胡须、身着绿色长袍、持杖的大圣老人。菩萨身后站立两天王神将扈持，身铠甲，双手合十。本图描绘的人物6身：文殊菩萨、于阗王牵狮、胡僧佛陀波利、大圣老人、两天王神将，不现善财童子。前人研究认为文殊变中的人物像布列有两种不同，一种是文殊菩萨、善财童子、于阗国王3身像；另一种是文殊菩萨、善财童子、于阗国王、佛陀波利、大圣老人5身像[1]。又据佛籍记载文殊变中的圣众"有于云中，现文殊大圣，处菡萏座，据狻猊之上，善财前导，于阗为御，波离后从，暨龙母五龙王等，执珪而朝"[2]。如此看来无论是文殊三尊或文殊五尊，善财童子处于"善财前导"的重要地位，第5窟普贤变中确实是这样，善财童子位在普贤菩萨前方。但元代绘出的本幅文殊菩萨变不现善财童子，而是身穿铠甲两天王神将，它们的关系值得进一步研究。两天王神将的身份有待确认。背衬高峻的白色山岳，高耸的重峰之间生长着圆头状和伞状相间的树木、茂密的杂草。峰际化现佛寺楼阁，崖间金刚窟里僧人在修行，行人漫步于山涧，天空中飘着彩云。此时五台山为文殊的道场、峨眉山为普贤的道场早已形成，背衬山岳正是崇拜道场的一种理念。虽然场景不多构画简单，但有着象征意义。

①宋修身：《中国新样文殊与日本文殊三尊五尊像之比较研究》，刊《敦煌研究》1996年1期；屈直敏：《敦煌莫高窟文殊变相初探以驭狮胡人为中心》，兰州大学敦煌研究所、麦积山石窟艺术研究所编《麦积山石窟艺术文化论文集》下73页，兰州大学出版社，2004年。

②《大正藏》第51册1126页，《广清凉传》下，二十三，续遗，朔州慈勇大师。

与之相对应的左壁普贤变，普贤身已变成赤褐色，着半披肩袈裟，右手举莲花上托经箧，月轮形头光和身光，以束腰莲花座，乘坐在大象上。因象身残、乘象奴已不现。身前行走着行脚胡僧佛陀波利，背着经箧，面向菩萨。另一身像残损，唯留部分头光残迹，度其位置应是大圣老人。身后两身头戴战盔身穿铠甲的天王神将扈从。和文殊变一样，本图描绘的人物6身：普贤菩萨、于阗王牵狮、胡僧佛陀波利、大圣老人、两天王神将，不现善财童子。唯于阗王牵狮、大圣老人像残去。背衬山岳、树木、佛寺楼阁、僧人修行、行人漫步于山间，与文殊变衬景完全相同，这里象征的是峨眉山。第6窟的这两幅壁画文殊变、普贤变，出场人物相同，背景处理手法一致。

西夏文殊变和普贤变之博大壁画，首推榆林窟第3窟，人物众多，场面博大，他们的随从圣众有大梵天、帝释天、天王、菩萨、罗汉10多身。山峦叠翠，水波浩渺，意景深远。山峰、殿宇、亭阁、树木充满其间。而东千佛洞所见西夏普贤变为普贤三尊：普贤、善财童子、于阗王，另有驭象力士，普贤菩萨的胁侍二菩萨二弟子等尊。元代文殊变和普贤变基本上是文殊普贤五尊，都有于阗国王驭象、佛陀波利、大圣老人，两天王神将，但不现善财童子，驭象者为于阗王。背衬山景意在描绘佛教道场五台山和峨眉山的万般庄严，也是壁画的有机组成部分，丰富了壁画内容。虽比起榆林窟来显得形单意简，但也有它的特点，更注意图解性。这里是展示了另外一种简约清雅的风格。

十王经变。东千佛洞十王图位于第5窟窟脚（图版47）。由于处在窟脚的位置容易受损，大部图像剥蚀不清了，唯壁画界栏尚有规律可寻，一部分图像尚存，可以肯定其为十王变，南北壁西端各5幅，每幅的基本构图是一王者坐在上侧一端，其下侧是亡人付诸刑罚。它是西夏时期为数不多的一例十王变，与前代十王变构图形式基本相似。十王信仰，指崇信和设斋供养冥间十王，祈求死后免受地狱之苦，转生极乐世界的信仰观念和修持活动。十王，也称十殿阎王、十殿冥王、十殿阎君等，即指秦广王、初江王、宋帝王、五官王、阎罗王、变成王、泰山王、平等王、都市王、五道转轮王。十王信仰，兴起于晚唐、五代，一直持续到今天。敦煌石窟中共遗存晚唐、五代、宋、西夏36铺十王地藏像，其中绢画20幅，石窟壁画有16铺[①]，其中西夏时期仅1幅，在莫高窟第314窟前室西壁门上（模糊），另外就是东千佛洞第5窟位于窟脚的这幅，所以就显得珍贵（图33）。

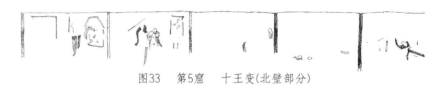

图33　第5窟　十王变（北壁部分）

佛分身瑞像图，又称健驮逻国分身瑞像。位于第5窟正壁左侧，也叫双头瑞像（图版64），肩上两个头，胸下合体。两头皆作半侧面，身着通肩袈裟立于莲花座上，有正圆形头光和舟形身光。伸右侧手作与愿印，其前跪一男信士，身着窄袖圆领长袍，腰系带，双手合十，身后佩着长剑，身体健壮，神情虔诚。左侧同样跪着一人，画面漫漶不清（图34）。健驮逻国分身

图34　健驮逻国分身瑞像

①党燕妮：《晚唐五代敦煌的十王信仰》，刊《麦积山石窟艺术文化论文集》第136页。

瑞像根据《大唐西域记》记载："大窣堵婆石阶南面，有画佛像，高一丈六尺，自胸以上，分现两身；从胸以下，合为一体"①。说的是有两个贫士，皆钱少贫乏，先后乞请画工画佛像。画工鉴其至诚，为二人共画一像，二人同日具来礼敬，"像现灵异，分身交影，光明照着，二人悦服，心信欢喜"。这就是双头瑞像的原由，也是常见的佛教史迹故事画。敦煌莫高窟中，晚唐到宋代的洞窟中多有双头瑞像，如第72窟宋代双头瑞像，榜题"分身瑞像者胸上分现，胸下合体，其像随形神变。"此像身侧站立着头戴展角幞头，身着袍服的官人②。

布袋和尚。第2窟的两幅布袋和尚（图版12），位在前室正壁两侧甬道上方。右上方这身布袋和尚身材异常粗短肥胖，身着一领袈裟，袒胸露腹，大腹便便，左肩扛着长杖，脚穿布履的行脚僧。具头光，顶上化现一座小佛像。五代梁时僧，明州（浙江）奉化人，世传为弥勒菩萨之应化身，常以杖荷一布袋，凡供身之用，皆收于袋中，见物则乞，故人称布袋和尚。布袋和尚身材肥胖，眉皱而大腹，出无定语，随处寝卧，能示人吉凶，颇能预知时雨，人称其神。在他死后，世人以其为弥勒之化现，江浙一带多画其像流传，民间多祭祀之。宋画遗品今存梁楷之布袋图③，西夏时期的布袋和尚壁画，以酒泉石窟万佛洞所绘堪称精品，绘在门壁上部，坐卧在地面上，大腹便便作鼾睡状态，月轮形头光，额际化光中引出弥勒像。东千佛洞布袋和尚取立姿，文殊山则取卧姿，其共同之处都是形体肥胖，额际化现小佛像。

佛教故事画。第5窟前室正壁佛龛两侧分栏画佛教故事（图版53）20方，每侧竖5方，横2方，计10方。每幅以红色界栏分割成横长方形，系某一连续性的佛教故事，多数已漫漶不清，难以识辨。右侧上层两方尚显影形。由右至左第1方，屋内床榻之上躺着一人，屋外站立着上衣下裙的两女，后者高

髻，手托方盘，似在供物，系西夏女供养人常见的服饰。第2方左侧画三人，一人骑白马，一人着红色袍服，一人着黑色圆领袍服，其上方有一长方形若棺盖之物，右侧漫漶不清。综观全部画面，多次出现这一骑马人物，其内容有待考定。

2.汉密风格的壁画

说法图。说法图是佛教艺术中久远而又永恒的题材，东千佛洞说法图场景博大，把它放在了和涅槃图相对应的相关位置上。第2、7窟密教主尊的说法图，继承了唐宋以来的画风，从人物形象、构图技法上都是汉地佛教绘画艺术的传承。

第2窟的说法图（图版21），主尊为汉密风格，低平的肉髻前饰髻珠，额开天眼，身肉黄色，右手智印，左手垂于腿部展食指，结跏趺坐，坐于多角形束腰座上。侧列弟子、菩萨、圣众、天王18身，人物形象突出，陪景很少。其中8身弟子，每侧4身，画面结构紧密，仅仅画出他们的头部，着僧衣，他们都作凝神若有所思状。身前坐着两身供养菩萨和两身菩萨，近佛的两身供养菩萨为侧面像，正圆形头光和身光，外侧两身菩萨为正面像，无身光。这几身菩萨装饰是一样的，头戴花冠，顶结高髻髻，秀发披肩，肤色为肉红色，菩萨装珠蔓宝璎严身，双手胸前合掌，轮王坐坐在莲花座上。4身圣众头戴类似通天冠的官帽，气质儒雅。2身天王头戴战盔，作武将装束。弟子之安详虔诚，菩萨之文静，圣众之儒雅，武将之威武，构成了一幅人物众多的和谐场面。

第7窟后室后甬道正壁为大日如来说法图，左右甬道外侧

① 唐玄奘辩机原著，季羡林等校注：《大唐西域记校注》卷二健驮逻国。
② 孙修身：《莫高窟佛教史迹故事画介绍》，刊敦煌文物研究所编《敦煌研究文集》，甘肃人民出版社出版，1982年。
③ 见《宋高僧传》卷二十一，《景德传灯录》二十七。

壁为八大菩萨（图版73），是以大日如来说法图为中心的八大菩萨图。八大菩萨，指护持正法、拥护众生的八尊菩萨，它们是等觉大菩萨中的代表人物。

正壁主尊大日如来为汉密风格的造型，侧立着弟子、菩萨、天王等圣众，俨然是一幅画面博大的说法图。佛像神态安详，宝蓝色低平肉髻，饰髻珠，身赤褐色，着僧服。双手胸前结智权印，结跏趺坐，坐于八角工字形束腰青色莲花座上。棕色头光青色身光，身光冒着火焰，顶上悬华盖，虚空间飘浮着彩云。佛身侧伫立着二弟子、四菩萨、二天王。二弟子身白色，眼神低俯，虔诚恭立。四菩萨戴花冠，顶结高鬟髻，秀发披肩，肤色本来是有区分的，现在都褪变成赤红色，身佩菩萨装扮。二天王着战衣，紧握双拳，两眼聚神凝视着远方。上角画二飞天，托着供盘。色彩鲜明，绿色色块突出。

列于甬道两侧壁的八大菩萨，以条幅的形式出现，每尊菩萨在条幅内构成一完整的构图。壁画八大菩萨的排列顺序若依左右交错排列，由正壁左侧观音菩萨开始，（一）观音菩萨，（二）弥勒菩萨，（三）虚空藏菩萨，（四）普贤菩萨，（五）金刚手菩萨，（六）文殊菩萨，（七）除盖障菩萨，（八）地藏菩萨。与唐不空译《八大菩萨曼荼罗经》八大菩萨排列顺序是一致的。现存文物中敦煌出土的西藏语文献中《板卷数毗卢遮那赞》及四川大足宝顶山倒塔坡宋代石造像塔做如此排列顺序。如果按左右壁划分，右壁四身为观音菩萨、虚空藏菩萨、金刚手菩萨、除盖障菩萨；左壁四身为弥勒菩萨、普贤菩萨、文殊菩萨、地藏菩萨[①]（见右图）。

每尊菩萨装饰十分高贵华丽，是线条流畅色彩明快又不失艳丽的汉风壁画。菩萨身后翠绿色正圆形的头光和身光，其边缘增添多圈多色回旋纹，衬托着主尊。菩萨顶上高悬镶珠嵌宝异常华丽的华盖。其身像为肉肤色，但由于色变的原因，仅右

第7窟后甬道正壁
大日如来与八大菩萨人物布局

（一）观音 （化佛冠，手 持青莲花）	大日如来说法	（二）弥勒（冠 中有窣堵波，捧 宝瓶）
（三）虚空藏 （掌心置宝藏）		（四）普贤 （五佛冠， 举剑）
（五）金刚手 （五佛冠，握 金刚杵）		（六）文殊 （持莲花，上 托金刚杵）
（七）除盖障 （持幢）		（八）地藏 （捧琉璃钵）

壁3幅颜色依然很明丽，其余各身身相都变成了黑色，红色的披肩及条帛已经褪色。菩萨头戴着摩尼宝冠，冠中镶嵌着一颗至两颗放光焰的宝石，一颗者嵌于冠顶，两颗者作上下排列，冠上满饰五色和花钿，两侧悬着间色垂珠，装饰得珠光灿烂，顶上结着五股高鬟髻，秀发垂肩。冠戴形状高耸，也许就是不空记载的"妙高冠"[②]。顶结高鬟髻与波罗高筒状发髻不同，反映了不同的文化内涵。身严纤细秀丽的项圈、手镯，肩敷红色

---

① 唐不空译：《八大菩萨曼荼罗经》八大菩萨排列顺序：（一）观音菩萨，（二）弥勒菩萨，（三）虚空藏菩萨，（四）普贤菩萨，（五）金刚手菩萨，（六）文殊菩萨，（七）除盖障菩萨，（八）地藏菩萨。敦煌出土的西藏语文献中《板卷数毗卢遮那赞》。赞文赞颂毗卢遮那是依（一）观音菩萨，（二）弥勒菩萨，（三）虚空藏菩萨，（四）普贤菩萨，（五）金刚手菩萨，（六）文殊菩萨，（七）除盖障菩萨，（八）地藏菩萨赞颂八大菩萨。四川大足宝顶山倒塔坡宋代石造像塔八大菩萨按右旋逆时针方向旋转它们的方位是：①观世音菩萨，②弥勒菩萨，③虚空藏菩萨，④普贤王菩萨，⑤金刚手菩萨，⑥文殊菩萨（妙吉祥菩萨），⑦除盖障菩萨，⑧地藏菩萨。

② 不空：《法华瑜伽观智轨》。

披肩和条帛,坐在红绿间色莲花束腰高座上。它们的装饰是一致的,衬底为白色围绕身光飘浮着云朵。左右上角画眷属各一,作菩萨装。

八大菩萨的色相,不空译《八大菩萨曼荼罗经》记述,观音菩萨身赤色,弥勒菩萨、普贤菩萨、文殊菩萨、除盖障菩萨金色身,金刚手菩萨身青色,地藏菩萨、虚空藏菩萨未记身色。壁画八大菩萨的身色由于色变的原因,仅左壁虚空藏菩萨、金刚手菩萨、除盖障菩萨等3身保持原来的肉红色,其余5身都变成灰黑色,已不容易分辨原色。由于使用了复合颜料,部分身色变化较大。

八大菩萨的冠戴、手印、持物表明它们身相。如下:

1.观音菩萨:顶戴摩尼宝冠,冠中有化佛,右手下垂施愿印,左手胸前持青莲花,双结跏趺坐。

2.弥勒菩萨:顶戴摩尼宝冠,冠中有窣堵波,右手外举施无畏印,左手胸前捧宝瓶,双结跏趺坐。

3.虚空藏菩萨:顶戴摩尼宝冠,身色肉红色,右手于胸前手掌向上掌心放着宝藏,左手胸前说法印,双结跏趺坐。

4.普贤菩萨:顶戴摩尼宝冠,冠饰五佛,右手举剑至头顶,左手下垂施愿印,双结跏趺坐。

5.金刚手菩萨:顶戴摩尼宝冠,冠中饰五佛,身色肉红色,右手胸前握三股金刚杵于胸前,左手腹际结定印,双结跏趺坐。

6.文殊菩萨:顶戴摩尼宝冠,右手下垂施愿印,左手胸前持开放的青莲花,上托三股金刚杵,双结跏趺坐。

7.除盖障菩萨:顶戴摩尼宝冠,身色肉红色,右手腿部施愿印,左手持虎皮宝幢,双结跏趺坐。

8.地藏菩萨:顶戴摩尼宝冠,右手胸前施安慰印,左手胸前捧亮丽的蓝色琉璃钵,双结跏趺坐。

八大菩萨的名称、排列顺序各经中记载不同,起码有六七种说法,要者如《般若三昧经》、《药师镏璃光如来本愿功德经》、《七佛八菩萨所说大陀罗尼神咒经》、《舍利弗陀罗尼经》、《般若理趣经》、《八大菩萨曼荼罗经》、《佛说大乘八大曼拏罗经》、《大方广菩萨藏文殊师利根本仪轨经》,还有《大日经》及其前身《金刚手灌顶怛特》[1]。通常所造八大菩萨像,多依《八大菩萨经》,这里八大菩萨的次第与唐不空译《八大菩萨曼荼罗经》相同。

唐不空译《八大菩萨曼荼罗经》是说观音等八大菩萨曼荼罗的供养观行法,是早期密教中的事部密法。此经的内容,说佛在补怛洛山观自在菩萨宫殿时,众中有宝藏月光菩萨向佛请问八曼荼罗的建立法,及依何法令修行者速证菩提。佛为宣说以如来为中尊的观自在等八大菩萨的曼荼罗法,包括这八大萨的形象、密咒、供养观行法,并说由此能使一切业障消灭,速证菩提,经后附有八大菩萨赞。此经汉文译本尚有可能同经异译的北宋法贤译《佛说大乘八大曼拏罗经》,八大菩萨名称次第排列顺序与唐不空译相同。失译本《八曼荼罗经》则附有古梵字文等三经[2]。

唐不空译《八大菩萨曼荼罗经》年代我们把它推定在参与金刚智译场,或唐天宝五载(746年)由狮子国返归长安之后。他不仅结纳朝廷,而且交结藩镇,据《不空行状》记载,天宝十二载(753年),他应节度使哥舒翰的邀请,到河陇进行活动。次年,他又到了武威,住在开元寺,节度使以下官吏、士庶几千人皆受灌顶。在威武一直住到天宝十五载(756年)夏,方才奉

---

① 〔日〕佐和隆研编:《密教美术の原像》,法藏馆,1983年。
② 《大正藏》20册,第675、676页。

表三　第7窟八大菩萨手印持物与唐不空译《八大菩萨曼荼罗经》对比表

八大菩萨右壁4身（拉窟位由里向外）	唐不空译《八大菩萨曼荼罗经》	八大菩萨左壁4身（拉窟位由里向外）	唐不空译《八大菩萨曼荼罗经》
1. 观音　冠中有小佛，右手施愿印，左手持莲花。	金色手，右手施愿印，左手持莲花，头冠中有无量寿如来。	2. 弥勒　冠中有窣堵波，右手施无畏印，左手持宝瓶。	金色手，右手施无畏印，左手执军持，冠中有窣堵波，半跏而坐。
3. 虚空藏　右手心置宝，左手说法印。	右手施流出无量宝，左手持宝安于心上。	4. 普贤　冠中五佛，右手举剑，左手施愿印。	金色手，藏五佛冠，右手持剑，左手施愿印，半跏而坐。
5. 金刚手　冠中五佛，右手持金刚杵，左手结定印。	身青色，右手施愿印，左手持如意幢，半跏而坐。	6. 文殊　右手施愿印，左手持青莲花上托金刚杵。	金色手，右手施愿印，左手执青莲花，花中有五股金刚杵，五髻童子形，半跏而坐。
7. 除盖障　右手施愿印，左手持虎皮纹幢。	金色手，右手施愿印，左手持如意幢，半跏而坐。	8. 地藏　右手安慰印，左手捧宝蓝色琉璃钵。	右手覆掌向下，大指捻头指作安慰一切有情想，左手安脐下托钵。

诏回京[1]。不空赴河西播密教的举动，对河西的密教发展是起到某些作用。

现将壁画八大菩萨的冠戴色相手印持物与唐不空译《八大菩萨曼荼罗经》的记述如表三：

对此幅八大菩萨也有着不同的解读，有的学者以入窟后入左甬道以顺时针方向绕行甬道解读，依序可见：1.除盖障持虎皮纹宝伞，2.金刚手持金刚杵，3.虚空藏手中流出众宝，4.观音结与愿印，5.弥勒持宝瓶，6.文殊持宝剑？7.普贤宝花出杵？8.地藏宝钵。尊名与本文基本相同，唯从图像学考察，本文所述的第4身普贤菩萨和第6身文殊菩萨似有互为颠倒情况，还需再讨论。同时也指出这组造像的复杂因素，反映着河西多元佛教文化的重叠和重组。整个来说，这组造像继承了唐代佛教思想对八大菩萨结构的运用，此主尊已经脱离了华严教主卢舍那佛的模式，直接用了手结智拳印的金刚界大日如来形象；也摆脱宝冠菩萨身形的卢舍那传统，回归汉人心目中着僧装的佛陀[2]。

自盛唐至北宋时流行的密宗盛行灌顶法，每当高僧灌顶或

修炼时需有一位大菩萨临坛证明，而能够临场证明者即此八大菩萨。因此本窟更能满足密宗灌顶的需要，也许是本窟的另一功能。

敦煌石窟八大菩萨曼荼罗始于吐蕃占领时期的中唐，来自汉地和藏传佛教两个方面，这幅西夏八大菩萨其绘画技法显然是唐宋汉风的传承，也是西夏境内极为罕见颇具规模的一铺八大菩萨。

这种八大菩萨信仰在8至12世纪的吐蕃以及中亚大部分地区都特别盛行。吐蕃本土的中部、东部大型八大菩萨的造像有一定数量，如创建于8世纪后半期吐蕃佛教鼎盛的赤德祖赞（704—755年）和赤松德赞（755—797年）时期，即现今青海玉树结古镇百南沟佛堂（此佛堂又称文成公主庙）大日如来

---

①赵迁：《不空行状》，《大正藏》50册，第293页。
②郭佑孟：《敦煌石窟卢舍那佛八大菩萨曼荼罗初探》，《敦煌学辑刊》2007年第1期；郭佑孟：《东千佛洞探秘》，刊《历史文物》第145期，台北：国立历史博物馆，2006年。

八大菩萨造像[1]；赤德松赞（798—815年）"猴年夏"年（804年），藏东昌都仁达丹玛摩崖大日如来及八大菩萨造像；及近年来在藏东昌都芒康县朗巴朗则发现的9世纪初大日如来及八大菩萨石雕造像；还可以在姜普寺、艾旺寺、大昭寺、聂唐寺等断代在11世纪的多处寺庙中找到大日如来八大菩萨。本尊如来与八大菩萨的组合，是佛堂尊像配置的基本形式[2]。

敦煌石窟开窟造像八大菩萨曼荼罗始于吐蕃占领时期的中唐，根据敦煌遗书 P.2291《报恩吉祥之窟记》所记，僧镇国建"报恩吉祥功德窟"，文云："其龛化成，粉壁斯就，富阳素毗卢像一躯，并八大菩萨，以充侍卫。"可知该窟中心佛坛上塑毗卢舍那及八大菩萨，是一个塑造毗卢舍那及八大菩萨的洞窟。这个洞窟由于后代整修，卢舍那佛并八大菩萨塑像已不存在，究系哪个洞窟，今天有着不同的考证结论[3]。由于这个洞窟是敦煌石窟首造毗卢舍那及八大菩萨窟，在石窟营造史上占有重要地位，历来为学术界所重视。

中唐时期的八大菩萨壁画，则有榆林窟第25窟正壁具波罗式画风的清净法身卢舍那佛为主尊的八大菩萨壁画。此窟的年代敦煌研究院断代在中唐吐蕃占领时期，其相对年代在8世纪后半期[4]。绢画方面有大英博物馆敦煌大日如来八大菩萨曼荼罗，是目前敦煌乃至全中国所遗留下来最早的唐代实物。莫高窟和榆林窟到了晚唐、五代八大菩萨壁画增多，有数例；图像构成发生了一些变化，主尊之侧和八大菩萨并列着的内外四供菩萨、护法、天王等。

西夏境内八大菩萨壁画盛行，多见于雕版、唐卡、木板画等佛画中，作为胁侍或眷属侍于释迦牟两侧。例如，西夏天盛十九年（1167年）仁宗孝仁印汉文《佛说圣佛母般若波罗蜜多心经》，经首雕版画八大菩萨列于侧；宁夏贺兰县拜寺口西塔出土的唐卡上师像中的八大菩萨；艾尔米塔什博物馆藏的西夏绢画药师佛中的八大菩萨。作为西夏石窟八大菩萨壁画，东千佛洞是唯一的一幅[5]。于此时代相近的有四川大足宝顶山倒塔坡宋代石造像塔，前面已述它们之间八大菩萨的次第是一致的[6]。

千佛图。第5窟千佛图（图版63）亦是主要壁画，位在后室后甬道正壁，它与位于中心柱背面的涅槃图构成对应。本窟群里涅槃图一般的是对应说法图，本窟涅槃图则对应的是千佛图。千佛图上下4排，每排10余身，总计40余身。佛身白色，作说法等多式手印，袒右肩，结跏趺坐，坐于红莲花上。千佛图是石窟造像和壁画中非常流行的一种题材，而且延续的时间很长，经常用整窟或整壁表现千佛。千佛有三世三千佛和贤劫千佛，贤劫就是此世界现在世的千佛，更受到重视。千佛也存在着多种简化形式，在数量上也有以三十五佛、九佛、十二佛等不同数量来表现。西夏时期流行千佛，近者如：旱峡石窟西窟正壁千佛；文殊山万佛洞正壁大日如来为主尊的千佛。

①张宝玺：《青海境内丝绸之路及唐蕃故道上的石窟》，刊《段文杰敦煌研究五十年纪念文集》，世界图书出版公司，1996年；谢佐等：《青海金石录·百南沟佛雕及其石刻（唐）》；聂贡·官却才旦和万玛本：《玉树吐蕃时期石刻初探》，刊《中国藏学》藏文版，1988年第4期。

②霍巍：《试析西藏东部新发现的两处早期石刻造像》，刊《敦煌研究》2003年第5期。

③马德：《敦煌莫高窟报恩吉祥窟考》考证为第361窟，刊《敦煌研究》1999年第4期；沙武田：《莫高窟报恩吉祥窟再考》考证为第234窟，刊《敦煌研究》2008年第2期；张先堂：《敦煌莫高窟报恩吉祥之窟三考》考证为第153窟，刊《敦煌研究》2008年第5期。

④敦煌研究院编：《敦煌石窟内容总录》；霍熙亮整理：《安西榆林窟内容总录》，文物出版社，1996年。

⑤霍巍：《早期密教图像在敦煌的传播及其来源的新探索》，刊《敦煌研究》2006年第2期。

⑥《大足石刻研究》下编，李永翘、胡文和《大足石刻内容总录》（三）倒塔坡，第505页，四川省社会科学院，1985年。

3.藏密风格的壁画

坛城图。本名曼荼罗,是汇聚诸佛、菩萨的一大法门,是密教的主要图形。多数位于窟顶,几个主要洞窟窟顶都画坛城图,以总摄全窟。大部已残去,唯第2、6窟完整。第5窟绝大部残去,尚残留部分可供考查。第4窟全部残去。个别的绘在窟壁,第5窟一幅绘在中心柱一侧(即左甬道内),这里可以列述4幅。其图由内院和外金刚环组成,四隅界以四出金刚杵。横贯交叉的十字对角线将图面分成上下左右四块三角形,充以不同的颜色,以标识四方。内院安排诸尊。

五佛四菩萨金刚界坛城图(图版16),绘于第2窟窟顶平棋枋及四披。从方位上看,该窟坐西向东,坛城图是以西为上,窟位与坛城都是以西方为上是一致的。中心平棋枋内院安置诸尊,外绕以金刚环。坛城内交叉的对角线将方形坛城分为四个三角形,以标识东西南北四个方位,由于时久颜色的褪变,现存的坛城颜色是下方(东)为黄色,上方(西)为白色,左方(南)为蓝色,右方(北)为绿色。制作坛城图,诸尊的排列方位是十分严格的,必须遵循仪轨。唐密为右旋(逆时针),下东上西,左北右南。东密为左旋(顺时针),下东上西,左南右北。本图置于窟顶,与平面图比较起来就会有差异,诸尊的排列依然下东上西,但左右方位则有所倒置,形成左南右北,实际效果是宝生佛接南方,不空成就佛接北方,按右旋(逆时针)方位排列为序。它和榆林窟第3窟窟顶西夏坛城方位是一致的(图35)。

本文主要参阅藏密坛城考述,其方位在窟内的感觉是右旋,落在图上按左南右北左旋排列考述,确认诸尊名称位置①。

其结构可分三重,中心方城内为五方佛四内供养菩萨,外绕金刚环。周边第二重为四方佛的诸化身。第三重则为四方佛的说法会。分述如下:

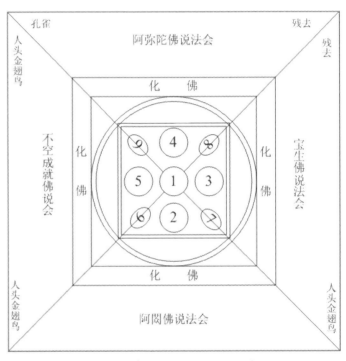

图35 第2窟 窟顶金刚界坛城

方城内五方佛的排列,现将诸尊编号①—⑨。编号①中央为毗卢遮那佛,黄色身相,结法轮印;编号②下方为位于东方的阿閦佛,身显白色(或黄),右手结触地印,左手握拳于脐前;编号③左方为位于南方的宝生佛,身显绿色,右手结施愿印,左手握金刚拳置于胸前;编号④上方为位于西方的阿弥陀佛,身显白色,双手结禅定印;编号⑤右方为位于北方的不空成就佛,身显蓝色,右手结施无畏印,左手于胸前结金刚拳印。图中,五方佛的身色,与其所在方位的衬色是一致的。

①《蜜教曼荼罗图典一》第三篇藏传曼荼罗,中国社会科学出版社,2003年。

四隅菩萨：编号⑥东北隅菩萨，身相已不清，从残迹看色相与右邻东方阿閦佛一致，身显白色；编号⑦东南隅菩萨，身绿色，色相与南方右邻的宝坐佛相同，右手结施愿印，左手置于胸前；编号⑧西南隅菩萨，色相已不清，从残迹看色相与右邻的西方的阿弥陀佛一致，身显白色，双手结禅定印；编号⑨西北隅菩萨，身青黑色，身色与右邻的北方不空成就佛相同，右手结施无畏印，左手置于胸前。以上四菩萨均与相邻的四方佛色相相同。据唐不空三藏译《金刚顶瑜伽略述三十七尊心要》和《略述金刚顶瑜伽分别圣位修正法门》记载①，位于金刚界曼荼罗中央的毗卢遮那佛，从心中流出金刚嬉菩萨以供养东方阿閦佛，从心中流出金刚鬘菩萨以供养南方宝生佛，从心中流出金刚歌菩萨以供养西方阿弥陀佛，从心中流出金刚舞菩萨以供养北方不空成就佛。即金刚嬉、鬘、歌、舞菩萨，安置于金刚界坛城内院的内四供养菩萨，简称内四供。

其外的方城由二重黑白色带组成，里匝为黑色色带，外匝为白色色带。方城四方中央各开一门，门下没有金刚把守。城门之上有标识城楼的建筑，两侧各有两个由卷草纹衬托着的宝珠，共有8个宝珠。坛城四角有十六空行母。方城之外为金刚环，金刚环由三层色带组成，内匝为绿白相间的莲瓣，中匝深底色上环以金刚杵，外匝红色火焰纹，现已褪变为白色。金刚环四隅画四出金刚杵。其外为藻井四披画花枝缠绵的卷草纹装饰图案，茂密的绿色叶枝衬托着白色的花朵。

第二重四佛的诸化身，身色皆黄色，身姿与对应的佛像相同：下方9身右手触地印，左手禅定印，与相对应的东方阿閦佛手印相同；左方9身右手结施愿印，左手置于胸前，与相对应的南方宝坐佛手印相同；上方的11身皆为定印，与相对应的西方阿弥陀佛手印相同；右方9身身形已毁，与北方不空成就佛相对应。

第三重四披所绘四方佛说法会，是在与中心四方佛的对应方位上，壁画大部剥落。唯东披和北披残存面积较大，它们之间互相参证可以确认为都是主尊两侧胁侍八弟子八菩萨的说法图。波罗宫殿式佛龛，佛上方有狮头或金翅鸟，尾羽上旋的摩竭鱼或鸟羽童子像，各有坐骑标识。虚空间飘浮着彩云，左右上角有献物的二童子。分别叙述如下：东披画面仅存右半部，左半部残去，所对应的是东方阿閦佛。摄于佛龛顶端瞪着双眼咧着大嘴的狮头，及右下方人首鸟羽童子像尚存一部分。残存横木立柱为波罗宫殿式佛龛。头光和身光已残去，身后红色拱形举身光犹存一部分。佛右侧坐着四位弟子和四位菩萨，它们都有椭圆形头光和不同颜色身光，及红色举身光中嵌入蓝色回旋纹极富装饰性，冷暖色调也很调和。菩萨形象高雅，戴三叶冠，结高筒状发髻，袒上身，身严佩饰，下着短裙裸露腿肢，舒坐在莲花座上。菩萨色相有白、黄、桔红、青诸色。虚空间红色衬底中滚动着白色的云朵。左右上角云朵上有献物的二童子。画面左半部残失。按构图对称的原理，主尊两侧应是八弟子和八菩萨，画面左下角卷草图案中没有坐骑标识。

南披对应的是南方宝生佛，中心壁画已经残去，唯存左下角展翅欲飞的人头金翅鸟坐骑标识。

西披对应的是西方阿弥陀佛，中心壁画已经残去，唯存佛龛上端的少许饰物。左右上角献物的二童子，及右下角站立着的孔雀坐骑标识。

北披对应的是北方不空成就佛，右侧半壁画面尚存，左侧画面残去，它和东披一样是四披中所存壁画相对完整的一幅。主尊头部残去，所幸身躯尚且完整，也是四方佛的说法会中仅

①《大正藏》第18册、第20册。

存身躯的一幅。佛身青色，着红色袈裟，右手作无畏印，左手于脐前结金刚拳印，结跏趺坐，坐在仰俯莲束腰座上，座中饰红色饰毯。红色身光和桔色身光。其身色手印与中坛内北方不空成就佛相同。坐在波罗式宫殿前，佛顶之上有兽头摄于其顶，已残去，现仅存右侧张着大嘴的摩羯鱼。殿侧挂钩上挂着花色挂巾。主尊右侧坐着四弟子四菩萨。完整的时侯按照均衡对等原则两侧应是八弟子八菩萨。飘浮着一朵朵白色的云朵。上角二童子献物，左右下角画着二身展翅欲飞长尾人头金翅鸟坐骑标识。

　　每幅壁画下角有象征佛像的坐骑标识物，西披阿弥陀佛为孔雀，南北披南方宝生佛和北方不空成就佛均为人头金翅鸟，前披无。五方佛的色相标识物，佛经所载中，各经略有不同，这里根据工布查布《造像量度经》所载，中央毗卢遮那佛为狮子，东方阿閦佛为象，西方阿弥陀佛为孔雀，南方宝生佛为马，北方不空成就佛为金翅鸟。壁画里西方阿弥陀佛为孔雀和北方不空成就佛为金翅鸟是对应的，余者皆不对应。南方宝生佛标识物应为马，壁画里却是金翅鸟，东方阿閦佛应为象，壁画里则没有任何标识物，需另求它因。

　　第5窟位于前室窟顶的坛城图，和第2窟一样有着总摄全窟的作用，可惜绝大部分已经残去，现在仅能看到一些残段。中心方城部分完全残去，金刚环的装饰现存东面的一段，由内外三重图案组成，内匝为莲瓣，中匝为连续的金刚杵，外匝为火焰纹，其外尚有一匝卷草纹。金刚环外匝残存二上师、天王一些人物残片：东面坐着编号①头戴三山冠白色头光具有西夏上师身世的人物，红色身相，身穿半臂半披肩袈裟，袒右胸和左右臂。右手置胸前拿金刚杵，左手上举握金刚铃，坐在束腰座上，头顶悬华盖，左右垂帷帐。其右侧并坐着一位编号②上师，白色头光，身相粉红色，袒身，左肩挎着条帛，两腿盘膝

踞坐，顶上悬华盖，两侧垂帷帐。在土红色的衬底下，身相显得粉白。东北角和西南角尚存编号③和⑤天王下身残躯，身穿长铠甲垂至膝下，腿裹行缠。以此推断窟内四角原有四天王。北披和西披可见编号④几案之类的壁画残片。本坛城图中心部分残去，是何坛城，哪些尊神已不可知。殊异于其它坛城图，四角未见四出金刚杵（图36）。

　　二十九尊金刚界坛城图（图版57），位于第5窟中心柱北甬道的北面向，与其相对应的是南甬道南面向为毗沙门天八大夜叉坛城图。其图是由内方城和外金刚环组成，内方城安置着以毗卢遮那佛为中心的五方佛、四波罗蜜、十六大菩萨、四神将，共二十九尊。坛城内交叉的对角线将方形坛城分为四个三角形，每方标识一个方向，中央为金色，下方为红褐色，上方为白色，右方为金色，左方为黄色。其外绕以金刚环。

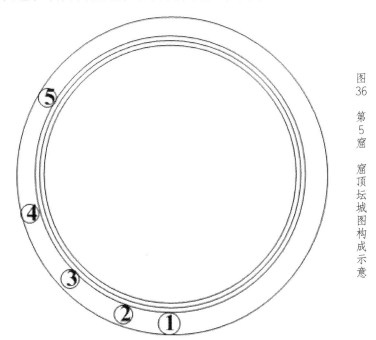

图36　第5窟　窟顶坛城图构成示意

方城中央圆环内为毗卢遮那佛及四金刚波罗蜜菩萨：毗卢遮那佛，身金黄色，双手结智拳印。四金刚波罗蜜菩萨排列若以下方开始右旋为序，将它们编号①—④（下同），其身相依次为：①下方菩萨，身灰青色，右手当胸，左手曲臂外举。②右方菩萨，身青色，右手当胸，左手曲臂外举。③上方菩萨，身白色，右手曲臂外举，左手残。④左方菩萨，身绿色，右手置于腹部，左手曲臂外举[①]。

下方东方阿閦佛及四大菩萨：阿閦佛，身白色，手臂残。图中①右下菩萨，身红褐色，右手握拳当胸，左手置腿部。②左下菩萨，身青色，双手当胸。③左上菩萨，身绿色，手印不清。④右上菩萨，身红褐色，双臂上举，右手心向上（满愿印），左手握拳。

右方南方宝生佛及四大菩萨：宝生佛，身灰青色，右手结施愿印，左手握金刚拳置脐前。图中①右下菩萨，身黄色，双手当胸。②左下菩萨，身红褐色，右手当胸，左手与愿印。③左上菩萨，身青色，双手当胸。④右上菩萨，身红褐色，右手当胸，左手与愿印。

上方西方阿弥陀佛及四大菩萨：阿弥陀佛，身红褐色，结定印。图中①右下菩萨，身黄色，双手挽弓射箭。②左下菩萨，身黄色，右手当胸，左手置腹际定印。③左上菩萨，黑褐色，右手当胸，左手置于腹部。④右上菩萨身绿色，双臂上举，右手掌面上，左手握拳。

左方北方不空成就佛及四大菩萨：不空成就佛，身绿色，右手舒五指当胸，左手于脐前结金刚拳印。图中①右下菩萨，身红褐色，曲举双臂，两手伸展。②左下菩萨，身绿色，曲右臂展手掌，左手当胸。③左上菩萨，身红褐色，右手当胸，左手下垂与愿印。④右上菩萨，身绿色，右手曲臂外举，左手当胸。

四方城楼下各展立着头顶上焰发竖立，身着虎皮围腰的四方守护神。其身色是下白色，右绿色，上红褐色，左蓝色。

方城由赭黄色色带组成，城角绘十六空行母，外匝绕白底莲花纹。方城四座城门，其上有象征门楼的高层建筑，楼顶置金轮及双鹿对向而卧，门楼两侧悬挂天旗流苏，空际点缀含苞待放的莲蕾。城外的金刚环由三匝图案组成，内匝为白、黄、褐红数色相间组成的莲瓣图案，中匝为首尾相接的金刚杵，外匝为红色的火焰纹图案，金刚环四隅界以四出金刚杵（图37）。

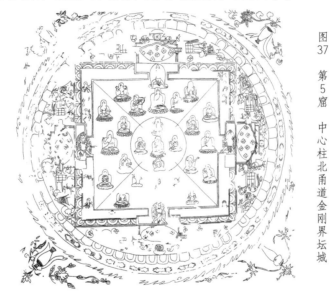

图37　第5窟　中心柱北甬道金刚界坛城

---

①《密教曼罗图典》（一），第三篇《藏传曼荼罗》金刚界曼荼罗诸尊：毗卢遮那佛四金刚波罗蜜菩萨：下方金刚波罗蜜菩萨，右方羯磨波罗蜜菩萨，上方法波罗蜜菩萨，左方宝波罗蜜菩萨。十六大菩萨分别列于佛的上下左右。阿閦佛四大菩萨为金刚萨埵菩萨、金刚王菩萨、金刚爱菩萨、金刚喜菩萨；宝生佛四大菩萨为金刚宝菩萨、金刚光菩萨、金刚幢菩萨、金刚笑菩萨；阿弥陀佛四大菩萨为金刚法菩萨、金刚利菩萨、金刚因菩萨、金刚语菩萨；不空成就佛四大菩萨为金刚业菩萨、金刚护菩萨、金刚牙菩萨、金刚拳菩萨；城楼下四摄菩萨：东金刚钩菩萨、南金刚索菩萨、西金刚锁菩萨、北金刚铃菩萨。中国社会科学出版社，2003年。

毗沙门天王八大夜叉坛城。毗沙门天王，是印度神话中的财富之神，在我国一般佛教徒均视它为财神福神，西藏佛教中亦视为财神尤为崇拜。又视它为佛教保护神，是主管四大部洲的四大天王之一，为北方护法神。伴随毗沙门天王的八大夜叉又称八马主。毗沙门在西夏宗教信仰中占有很重要地位。

东千佛洞仅有一幅毗沙门天王八大夜叉坛城（图版38），位在第5窟后室南甬道南面向，与北甬道北面向金刚界坛城相对应。本坛城由两个同心圆组成，中心圆内为毗沙门天王，外界以间色青、黄、赤、白、黑十六莲瓣。第二重圆八莲瓣上画八大夜叉。四隅画坐佛、供养天人、护法等（图38）。

毗沙门天王头戴菱形三面高宝冠，身披一领绿色的飘带绕于头顶飘于体侧，着耳珰，身穿铠甲，脚蹬战靴，双眼圆瞪作忿怒相，凝视着远方。右手于胸前持宝幢，衣袖外翻。左手于

图
38
第
5
窟
中
心
柱
南
甬
道
毗
沙
门
天
王
坛
城

腰间握宝鼠袋，其形象是红色鼠头袋囊状物，以手握着脖颈，并没有四肢，骑坐在站立着的雄狮上。雄狮身绿色，前胸晕染成白色，鬃毛和尾毛为绿色，回首张口回眸张望，显得勇猛无比。衬底为黄色，其间散发着象牙、各种摩尼宝珠等七宝珍品。

八大夜叉均骑着马，头戴五叶宝冠，结高髻顶严宝，祖身天人装，着耳珰、手镯、臂钏、项饰，下身着裙。左手皆握吐宝如意兽头宝囊袋，与毗沙门天王所握红色鼠头囊袋完全同形。右手各拿宫殿、三宝珠、如意宝、宝瓶、举剑等不同持物。每身各具不同身色，有绿、白、黑褐、灰褐数色。只有以身色和持物来鉴别区分尊像身份。

坛城四隅壁画所绘内容：左上角一坐佛作说法印，身着祖右肩红色袈裟，具头光和身光，坐在莲花座上，其左侧站立一随从僧人，右前侧一天人，祖身，仅着短裙，双手在胸前，身姿窈窕作扭动状；右上角展立着三位白色护法神，皆祖身，腰间仅着虎皮短裙，焰发竖立，背衬熊熊燃烧着的火焰纹；左下角一站立的天人，祖身，着短裙，身后站立一随从，身前一人托盘供物；右下角一人张旗，一人作舞姿。壁画是灰色的衬底饰以牡丹卷草纹。

八大夜叉的名称，近有学者对比藏典《毗沙门天成就法》、《护法尊大海传记》先期作了专题性图像解说，对尊像都一一解读定名，并据图整理出《毗沙门天王与八大夜叉曼荼罗示意图》，是为很大的超越，作了基础性的工作[1]。但也有

①刘永增：《安西东千佛洞第5窟毗沙门天王与八大夜叉曼荼罗解说》，刊《敦煌研究》2006年第3期；刘永增：《阿尔寨石窟第31窟毗沙门天王与八大夜叉曼荼罗图像解说》，刊内蒙古社会科学院鄂托克旗阿尔寨石窟研究院编：《中国蒙古学·阿尔寨石窟国际学术研讨会论文集》，2008年。

一些存疑问题，对几幅图形不清持物不明的夜叉不好定名，没有定名。因此辨认清楚这几身夜叉的持物依然是关键所在，本文再度审视这些图象，尚可辨认出这些残图的一些蛛丝马迹，对已残持物还能观察出某些迹象。如图①夜叉右手持物残存剑柄，可以确定是持剑、刀之属。图④夜叉右手持物残存白色刀刃部分，可以确定是举剑或刀。图⑦右手举物全部残失，根据图像排列顺序，有可能持长矛三角旗。

在《瓜州东千佛洞第5窟毗沙门天王与八大夜叉曼荼罗解说》附图的基础上，本文再作如下著录，小有补充，力图有所增进。八大夜叉编号1—8，仍依从左上方（按主尊方位）开始，1-4按顺时针为序，5-8按逆时针为序，分述如下：

①东南方散支夜叉，身绿色，左手于腰间握红色宝鼠袋囊，右手举火焰剑或日月刀（残存剑柄部分）。

②西北方般支迦夜叉，身白色，左手于腰间握红色宝鼠袋囊，右手上举楼阁。

③东方宝藏神夜叉，身白色，左手于腰间握红色宝鼠袋囊，右手上举三宝珠。

④东北方妙聚夜叉，身黑褐色，左手于腰间握红色宝鼠袋囊，右手举刀或剑（残存白色刀刃部分）。

⑤北方金毗罗夜叉，身绿色，左手于腰间握红色宝鼠袋囊，右手上举剑。

⑥南方满贤夜叉，身灰褐色，左手于腰间握红色宝鼠袋囊，右手上举宝瓶。

⑦西南方阿吒缚迦夜叉（荒居夜叉），身灰褐色，画面剥蚀，左手于腰间握红色宝鼠袋囊，右手举物残失（可能持长矛三角旗）。

⑧西方宝贤夜叉，身灰褐色，左手于腰间握红色宝鼠袋囊，右手上举白色如意宝，上冒火焰。

毗沙门天王（多闻天王）在西夏宗教信仰中占有重要地位。存世多幅毗沙门天王绘画，出土于黑水城藏于艾尔米塔什博物馆的两幅西夏毗沙门天王唐卡可以和本幅作对比研究。其中一幅画在蓝白方格麻布上，画有多重尊神，居中的毗沙门天王和周围八位骑白马的武士装夜叉则是最主要的。围绕八大夜叉的还有其各种夜叉化身，总计编号35身，可谓集夜叉之大成①。按该文对毗沙门八大夜叉的叙述序号：

①毗沙门，身黄色，身穿盔甲跨坐狮身之上，右手持棕色的吐宝兽，左手持胜幢。其周围八大夜叉是：

②西方善宝夜叉，白色身形，左手托金色盘，上置闪耀火焰的蓝色宝石。

①谢继胜：《西夏藏传绘画黑水城出土西夏唐卡研究》，第151页，彩版图40，河北教育出版社，2001年。

③西北方五娱夜叉，身绿色，戴野猪面具，左手举金底楼阁佛塔。

④西南方荒居夜叉，身蓝色，左手持长矛。

⑤东方宝藏神夜叉，身褐色，左手持金瓶。

⑥北方丑身王夜叉，身蓝色，左手持剑、盾牌。

⑦南方满贤夜叉，身黄色，左手托金盘上置太极球。

⑧东南方正知夜叉，身棕色，猫头，左手持月牙刀。

⑨东北方妙聚夜叉，身白色，左手持剑。

上文所述的尊名与东千佛洞有别的是：东南方正知夜叉，西北方五娱夜叉，北方丑身王夜叉，西南方荒居夜叉，西方善宝夜叉。尊名相同的是：东方宝藏神夜叉，东北方妙聚夜叉，南方满贤夜叉。东千佛洞和黑水城西夏毗沙门八大夜叉唐卡两者之间的尊名同与不同，或为所本不同。

黑水城另一幅西夏毗沙门唐卡，绘于棉布之上，构图与东千佛洞这幅基本相同，由两个同心圆组成，中心圆内为毗沙门天王，外圆分八格画八大夜叉。左右角绘身体赤裸仅著红色短裤的女男供养人①。

若参考[奥地利]勒内·德·内贝斯基·沃杰科茨著，谢继胜译《西藏的神灵和鬼怪》一书中对毗沙门天王八大夜叉根据藏典的描述②：多闻子的大黄多闻子身形身体是"如同纯金般的"黄色，从他身上散发出一万道初升的阳光。他右手持饰有如意珠的胜幢，左手上卧了一只能吐宝的如意兽。身穿华贵的飘动丝衣，戴珍宝头冠和饰品。在他的右肩上放了一只太阳骰子，左肩上放了一只月亮骰子，骑一头白狮。八大夜叉都被描绘成身穿华贵铠甲的骑士，左手皆持吐宝如意兽，合称为"八马主"。他们的名称和传说中的方位如下：

方位	名称	特　征
东	宝藏神	一身黄色，右手持珍宝。
南	康瓦桑布	一身黄色，右手持装满珍宝的容器，据说是江孜福建诺吉康桑山的山神。
西	诺不桑宝	一身白色，右手持珍宝。
北	丑身	一身黑色，右手挥舞剑。
东南	羊达协	一身黄色，右手挥舞剑。
西南	戳聂	一身黑色，持珍宝制成的红矛。
西北	阿丹	一身黄白色，右手持宫殿。
东北	赡部庆巴	一身白色，右手舞剑，左手持盾。

在绘画中骑士装八大夜叉比较常见，黑水城两幅西夏毗沙门八大夜叉唐卡，藏典描述的八大夜叉都是身穿华贵铠甲的骑士，而东千佛洞八大夜叉则着菩萨装。但它们均骑马，左手握吐宝兽，有的握猫鼬，东千佛洞毗沙门八大夜叉则握鼠头珠宝囊，更多的源自犍陀罗和北印度，毗沙门通常持矛和珠宝囊。右手持法物因所本经像不同微有差异。

八大夜叉护持着四方四维，可是往往壁画中的方位与四方四维并不对应，无固定规律可循。

毗沙门的信仰很早，在敦煌地区已出现在中唐的壁画中，

---

① 另外,对毗沙门天王八大夜叉的图像读识,对比性较强的尚有内蒙阿尔寨石窟第31窟元明壁画的毗沙门天王与八大夜叉坛城,刘永增先生已与东千佛洞作过对比考证。《阿尔寨石窟第31窟毗沙门天王与八大夜叉曼荼罗图象解说》考订为:(1)西北方夜叉右手举楼阁的般支迦,(2)东北方夜叉右手举火焰刀的vici-trakundalin,(3)东南方夜叉右手举火焰剑的散支,(4)北方夜叉持剑背负圆盾牌的金毗罗,(5)东方夜叉右手执似杖形物的宝藏神,(6)西南方夜叉右手持长矛三角旗的阿吒缚迦,(7)西方夜叉右手持宝瓶的满贤,(8)西方夜叉左手持宝珠的宝贤。时代上虽有差距,图象比较接近东千佛洞。

② [奥地利]勒内·德·内贝斯基·沃杰科茨著,谢继胜译:《西藏的神灵和鬼怪》,第79页。

吐蕃风格的毗沙门见于榆林窟第25窟，位在前室东壁北侧，托塔持戟，身着吐蕃武士铠甲，形貌与后世藏传多闻天王相似。其后逐渐增多，以榆林窟第15窟毗沙门天王最具代表性，发髻高竖，具有一双犀利的眼睛，右手握金刚杖，左手握吐宝兽，侧立一文静的菩萨和一身披鹿皮侍者。而毗沙门八大夜叉坛城就很少了，该题材不见于敦煌石窟及邻近石窟。东千佛洞和黑水城两幅唐卡，为西夏时期受北印度、于阗、藏传佛教影响的一个新的题材。在图形结构、绘画风格和人物造型方面，遵循着汉、藏两种传统。明清以后的毗沙门八大夜叉绘画则多出于藏地，流传于西藏境内的壁画、唐卡、版画有着多例。

第6窟，窟顶坛城图（图版83）绘于窟顶，坛城的构造和前述的第2、5窟结构一样，由方城和金刚环组成，方城内对角十字交叉线将其分为四块并涂以不同颜色，下方为灰黄色，上方为灰青色，右方为褐黑色，左方为白色。方城内中心安置一菩萨，上下左右安置四菩萨，四隅四阏伽瓶。

中央位置的菩萨头戴三叶冠，脑后结筒状高耸的发髻，袒身，身相金黄色，腰间着红色短裙，左肩拊白色条帛。右手下垂于腿部施与愿印，左手举胸前无畏印拿青莲花。胸佩联珠纹项圈，红色宽璎珞绕身，由项际垂于腿部。结跏趺坐坐于灰色仰俯莲座上。腰部纤细而挺拔，显得身躯硕健。菩萨形绿色头光，蓝色身光，金黄色举身光。

下方菩萨，八臂，白色身相，发竖立散发出红色光焰，面有三目，忿怒相。右腿盘坐，左腿曲立。右四手分别拿宝珠、弓箭、手印。左四手分别拿金刚索、金刚杵、弓箭、法轮。

上方菩萨，四臂，白色身相，寂静相。右二手手印、金刚杵。左二手拿细柄天杖、金刚杵。

左方菩萨，四臂，白色身相，寂静相，右二手花枝、手印。左二手手印、金刚索。

右方菩萨，四臂，红色忿怒相，焰发发出红色光焰，面有三目。左二手持金刚索、手印。右二手持花枝、宝珠。

四隅置盛功德水之四阏伽瓶，瓶中插阏伽花。四瓶亦为四隅之结界线。

方城城体为金黄色，四角绘十六空行母，外匝环以灰青色底色上莲瓣形的装饰图案。城门上有高耸的城楼，楼顶饰金轮、伞盖，飘悬着两条白幡。城楼两侧竖立着放纹间色天旗和杂色幢。地面饰以卷草花枝图案。金刚环亦由金刚杵、火焰纹、莲花纹组成。四隅各界以四出金刚杵。

本窟左右壁为文殊变和普贤变壁画，正壁佛台坐着为清代重修的一佛四菩萨。窟顶似为文殊菩萨坛城，有待进一步研究。

释迦牟尼降魔相图。东千佛洞共有释迦降魔相和释迦说法相各二幅，位在第2窟和第7窟前室左右壁里侧相对应的位置，是典型的藏密波罗式画风。

第2窟右壁释迦降魔相（图版9），释迦居坐于中央，身金黄色，着红色袒右肩袈裟，右手作表降魔的触地印，左手定印托黑色钵。灰赭色头光绿色背光，黑色高尖状肉髻上严浅色宝石，结跏趺坐，坐于方形束腰座承托的四色仰覆莲花座上。与前述释迦说法相相同，上顶居中者为人面鸟喙展开绿红蓝三色双翅的金翅鸟，鸟首红色羽毛也作光芒式外射飘动。鸟喙下缚着两条身躯交织一团的黄色蛟龙。宫殿式佛龛外侧横木之下两侧为搭在弯钩上的丝带，未见狮羊和象王。宫殿式佛龛后面为红色椭圆形背龛，其上为宽厚的蓝色拱形三裂叶龛楣。虚空间红色的衬底布满藏式菱形块状组成的山岳，绿色圆冠树木交织其间，错落的山巅之上对称的辟有七个平台，各显人物形象。额顶平台上洞穴内坐着佛像，身前放着供物。右一平台洞穴内坐着一人，身前一展翅的凤鸟。右二平台洞穴内坐着一人，外面站着一人。右三平台洞穴内似为一乘骑。左一平台洞穴内跪着一人，身前一兽。左二和左三平台洞穴内各坐着一苦修僧人。左右角云纹火焰纹中各侧向站立着二天人，右侧前天人躬身双手向下撒物，后天人举幢；左侧前天人托盘，后天人举伞盖。佛座前胡跪着一菩萨，两手托盛满花果的果盘奉佛。菩萨身白色，头戴五叶冠，身佩金黄色耳环、项链、长璎珞、臂钏、手镯和脚镯，黑色围裙，白色头光蓝色身光白色举身光，胡跪在莲花座上。

主尊左右侧均衡地坐着十身弟子和十身菩萨，每侧为五弟子和五菩萨，上三列为五弟子，下二列为五菩萨。弟子均着半披肩袈裟，菩萨着装与托花果盘的菩萨相同。

第7窟右壁释迦降魔相（图版50），壁画上部尚且清楚，下部已模糊不清。它和本窟左壁释迦说法相相对应，构图形式、画风完全相同，应是释迦降魔相。主像释迦黑色高尖状肉髻上严浅色宝石，白色头光，以下身姿已看不清楚。身后是波罗风格的宫殿龛门。顶部居中的是一人面兽头（狮面），张开大嘴利齿衔咬着两龙尾羽，其首绿色兽毛也作光芒式外射飘动。宫殿式佛龛后面为红色椭圆形背龛，周围飘动着彩云。虚空间衬景菱形山岳，点缀绿色莲花状树木。顶中山岩平台上站立着两身人身鸟翅的迦陵频伽。两侧的山岩平台上有一对蓝色和红色展翅飞翔的凤鸟和两只站立着的蓝色长尾鸟。虚空界上空散发着色带组成的光芒。释迦身侧弟子菩萨已模糊不清，从对应关系看应同样是八弟子八菩萨。

释迦牟尼说法相图。第2窟释迦降魔相和释迦说法相，左右适成对应。

左壁释迦说法相图（图版10），释迦端坐于中央，身金黄色，着红色袒右肩袈裟，灰黄色头光绿色身光，绿色身光中间一条白色纹饰。双手于胸前左侧作说法印，黑色高尖状肉髻上

严浅色宝石，肩宽腰细，结跏趺坐，坐于方形高台座承托的四色仰覆莲花座上。身后的宫殿是波罗早期风格的东印度宫殿龛门样式，这种象征波罗宫殿式佛龛在东千佛洞壁画中比较常见，其基本结构是上有横梁，两侧有龛柱，下部有衬底，饰以各种华丽的装饰。顶上居中者为人面鸟喙展开绿红蓝三色双翅的金翅鸟，鸟首红色羽毛也作光芒式外射飘动。鸟喙下缚着两条身躯交织一团的灰色蛟龙。龙头向外张开大嘴。龙头外侧是裸身着耳环、项链、长璎珞、臂钏、手镯，佩飘带的菩萨装双手合十蹲坐着的二天人。佛龛外侧横木之下两侧为白色面向外前蹄旋空立着的狮羊和仅见头部的象王，还有搭在弯钩上的红色丝带。宫殿式佛龛后面为红色椭圆形背龛，因此形成佛龛以红色为基调，其上为宽厚的蓝色拱形三裂叶龛楣。虚空间红色的衬底背衬藏式菱形块状组成的高耸的山岳和茂密的树木，各色图案状嶙峋山石和绿色圆冠树木交织在一起。多个山巅之上辟有平台，值得注意的是佛顶正上方背衬着显得宽广的山石平台上，相向蹲坐着两天人各用一手举着绿色圆盘，岩体上装饰着一些象征性图形。周围的平台上站着双鸟、双羊、双驼、双鹏，乃至若龙若凤之类。彩云火焰纹中各飘浮着二天人面向佛像，右侧前天人托着果盘，后天人举幢；左侧前天人托着果盘，后天人举伞盖。

佛座前胡跪着持金刚轮的菩萨，菩萨身白色，头戴三叶宝冠，结高筒状发髻，饰以红、黄、蓝、绿诸色宝石。椭圆形面孔，弓形眼，两眼平视，双手用盘托着金轮，轮边冒着火焰，象征着初转法轮。身佩金黄色耳环、项链、长璎珞、臂钏、手镯和脚镯。着黑色短裙。棕黑色头光和身光，白色举身光。胡跪在莲花座上。

主尊左右侧均衡地坐着十身弟子和十身菩萨，每侧为五弟子和五菩萨，上三列为五弟子，下二列为五菩萨。弟子均着半

披肩袈裟，菩萨着装与持金轮的菩萨相同。以形象完好的右下两菩萨为例，前菩萨双手合十，后菩萨为慈悲印。此为波罗风格常用的形式。我们在黑水城出土的西夏雕版画中可以找到与此释迦说法相基本相似的作品，如题名"如来鹫峰山演说般若"的雕版说法图，就与本幅壁画释迦说法相构图配景完全相同（图39）。

虽然壁画和木版画幅大小相差很大，表现手法有所不同，但它们所表现出的场景情趣出自同源，显然它们所用的是同一粉本。同样是典型西夏风格的佛像造型，作说法印于体右侧，其背龛波罗式宫殿，及其两侧狮羊象王，宫殿顶上双翅金翅鸟的处理手法如出一辙，唯壁画中金翅鸟展双翅显得更有气势，雕版画无翅。两者佛座前胡跪着持金刚轮的菩萨。两侧所列弟子，菩萨的排列形式、装饰、坐姿完全相同，唯名数约

图39　西夏雕版说法图
（《早期汉藏艺术》插图）

异，壁画中弟子菩萨各10身，雕版画中弟子菩萨各8身。雕版画同样背衬菱形组成山岳，正中的山岩平台上对立着两身迦陵频伽，两侧的山岩平台上可见孔雀等类飞禽走兽。

第7窟释迦降魔相和释迦说法相，与第2窟是同一类型，唯画幅较小，虽然不及第2窟博大细腻，在选材上微有变化。降

魔相已漫漶不清，说法相可以释读。

左壁释迦说法相（图版73），释迦端坐于中央，身金黄色，着红色袒右肩袈裟，身色和袈裟已变色，颜色不够鲜明。白色头光绿色身光，身光外匝为白色。双手结定印捧金轮置于腹前。结跏趺坐，坐于方形高台座承托的四色仰覆莲花座上。身后同样是波罗式宫殿龛门。

顶部居中的是一人面兽头（狮面），张开大嘴利齿衔咬着两金鹅尾羽，其首绿色兽毛也作光芒式外射飘动。左右两金鹅面外，蓝喙，丰冠长颈，其形颇似凤头。两侧各一狮羊、一象王，狮羊前蹄腾空面向外，象王背备鞍鞯，还有搭在弯钩上的浅蓝色丝带。宫殿式佛龛后面为红色椭圆形背龛，围绕龛顶飘动着彩云。虚空间衬着菱形山岳，点缀绿色莲花状树木。顶中山岩平台上相向站立着两身身白色和黄色人身张双翼具鸟尾鸟爪的迦陵频伽。两侧的山岩平台上站立着双牛和双羊。虚空界上空散发着色带组成的光芒。佛侧坐着八弟子八菩萨，每侧各四弟子和四菩萨。弟子均着半披肩袈裟，菩萨结高筒状发髻饰，身佩金黄色耳环、项链、长璎珞、臂钏、手镯和脚镯。

第2窟释迦降魔相和释迦说法相都是主尊左右侧均衡地坐着十弟子十菩萨，第7窟释迦降魔相和释迦说法相佛侧坐着八弟子八菩萨，两窟佛侧坐着的弟子、菩萨名数有所不同。

这种藏式释迦降魔相和释迦说法相在西夏的绘画艺术中特别流行，在黑水城出土的唐卡中就有10多幅之多，其中释迦降魔相大大多于释迦说法相，比较起来他们更加崇拜释迦降魔相。每幅都有造像和构图上的差别，出场圣众有多有少，它们都是以释迦牟尼占中心绝对突出地位。东千佛洞释迦降魔相和释迦说法相处在左右壁对称的地位，同样都是两幅。它们都是背衬藏式菱形山岳，树木及各种动物，用色浓郁凝重，与黑水城出土的唐卡有一定差别。在邻近的敦煌莫高窟和瓜州榆林窟

同期的西夏壁画中，各种说法图特别多，但这种藏式释迦说法相和释迦降魔相却十分罕见。就是在瓜州榆林窟中断定为西夏晚期与东千佛洞同时起建的几个洞窟中，这种释迦降魔相和释迦说法相亦为少见。

八塔变相图。即八相成道，佛示现人间，有八种相。成道虽是八相之一，但它是八相中心。东千佛洞仅有一幅八塔变相（图版45），位在第5窟前室左壁里侧。以主塔"释迦降魔成道"大塔为中心，上方为"涅槃"，其两侧对称均衡地列着为"诞生"、"舍卫城神变"、"从忉利天降下"、"调服醉象"、"初转法轮"、"猕猴奉蜜"六小塔（每侧三塔）。

在塔形方面，中心释迦降魔成道大塔，它是由塔顶、塔身、基座等三部分组成，属单层方塔。塔顶是日月刹，并左右张两绿色幡带，纤细的黑色刹柱相轮。五层刹柱平台基座，佛龛两侧竖立由莲座托着赭、赤、绿、青四色宝石组成的立柱，塔肩上装饰着幢幡等六件法器。塔侧树立着两棵枝叶茂密红绿

相间的菩提树。赤色虚空间散落着白色天花雨。六小塔与大塔相同，同样是单层方塔，龛柱不再是宝石立柱，而是莲花头八角立柱，主尊坐在方座或莲花座上。壁画底衬皆为浅灰色卷草纹。

中心释迦降魔成道大塔内三裂拱龛形，身后是波罗风格的宫殿龛门样式，龛门顶上居中者为狮首，两侧为张着大嘴的摩竭鱼（布啰拏，鲸鱼，保护之相），依门柱立着头向外的狮羊、大象。释迦结跏趺坐。头顶发饰涂成宝蓝色，肉髻高尖顶上严宝。降魔印，右手下伸触地，左手置于腹前，椭圆形白色头光和绿色身光。坐在束腰座承托的白色莲花座上。两侧侍立二胁侍菩萨，站在高台之上。左右上角鲜明的白底绿纹底衬上，各画有一魔王二魔众。魔王仅现头部，瞪圆双眼一副凶杀样；魔众手持长矛等武器指向释迦，向释迦示威。释迦不惧淫威，以精神的感召力降服了妖魔。

上部涅槃图，无塔龛，释迦右胁而卧于寝床上，曲右臂，右手支颐，伸左臂，叠双足。头前恭立一弟子，双手执杖，剃发，有头光，但却着上衣下裳俗装，总体形象它还是一位僧人，应是老年弟子迦叶。足部一着袍服戴帽蓄胡须的俗装人物摸佛足。床前跪坐二弟子，身后立着举哀四众，两侧站立着八菩萨，与一般涅槃相没有多大区别。涅槃相是八塔变相的重要组成部分，一般的将它列为八塔变相的最后。

两侧六小塔图像极为简约，画面残剥严重。参比莫高窟第76窟宋代有榜题的八塔变予以解读[1]。从左下塔起按逆时针旋

瓜州东千佛洞第5窟八变塔

调服醉象大塔	涅槃图	从忉利天降下大塔
初转法轮大塔	降魔成道大塔	舍卫城神变大塔
猕猴大塔		诞生大塔
角抵与百戏		

---

[1] 孙修身：《莫高窟第76窟八塔变相中现存四塔考》，刊《敦煌研究》1986年第4期；贺小萍：《莫高窟第76窟八塔变中三佛图像辨析》，刊《敦煌研究》2010年第1期。该处现存上层四塔，第一塔释迦牟尼降生大塔，第三塔鹿野苑转法轮塔，第五塔舍卫城神变大塔，第七塔猕猴大塔。

转，它们的顺序依次为：

左下塔"诞生"大塔，塔龛内生长一棵大树，绿色树冠枝叶繁茂向左曲枝罩满龛顶。树下依立一菩萨，袒上身，下着短裙，身色洁白，颈、臂、腕处饰有璎珞、钏、镯之类饰物。身躯微作弯曲，右脚伫立，起左步双腿作交叉状。举右手攀附菩提树枝，左臂向体外自然下垂，行立于硕大的红色莲花上。所举右臂腋下显露一小儿头，即所谓的太子右腋而生。腋下一人跪接太子诞生，仰面望着太子。画面剥去大半，其人的面容和跪姿尚可看清，应是帝释天以天衣接太子。龛外左侧一立姿菩萨，侧身背向而立，依然是袒上身，下着短裙，身色洁白，颈、臂、腕处饰有璎珞、钏、镯之类饰物，双手抚于胸前，与树下菩萨饰物相同，身高仅其一半。此菩萨的身份可能是太子诞生四方各行七步、步步生莲之类。龛外右侧站立两身菩萨，图像已不清，内容不能认定。左右上角白底绿纹图案中各显二手臂垂着串珠。中心图像应是太子诞生，也可称释迦牟尼树下诞生大塔。参比莫高窟第76窟八塔变"树下诞生大塔"，其左右侧榜题"净饭王捧太子"、"相师阿私陀仙"、"太子夜半逾城"、"车匿捧冠共马辞太子"、"太子雪山落发处"、"太子六年苦行处"、"熙连河浴处"，及其故事情节。本图仅有三四个故事情节，画面不仅省略且残伤严重，帝释天以天衣接太子、步步生莲这些是共有的。

左中塔"舍卫城神变"，塔龛内三尊佛像，中佛手作转法轮印，结跏趺坐于红莲花座上；左右二佛侧身善跏趺坐，均双手在胸前持物，因残伤严重已看不清楚所持何物。龛外跪着二弟子。左右上角云朵上各立一佛像。参比莫高窟第76窟八塔变舍卫城神变，塔龛内亦是三尊佛像，其下方榜题"遂向变舍卫城内祇陀园中给孤虔诚铺金买地建立精舍"。左右侧榜题"舍利弗……给孤长者□祇……"、"外道师五人归依佛时"、

"波斯匿王献花供养"、"祇太子给长者请佛安居"等情节。本图左中塔经简化仅有三尊佛像及二弟子，是这铺八塔变中仅有的一铺三尊像，所以定名为"舍卫城神变"。关于八相图中三尊佛像的问题，近有新论，可以作释尊化现的"千佛化现"之解读，在特定的条件下三尊佛像即千佛化现，是释尊的另一种身像。这种三尊佛像并不完全限于舍卫城神变才有，莫高窟第76窟八塔变初转法轮图形中也是三尊佛像。肃北五个庙石窟元代壁画第1窟八塔变相中两处也是三尊佛像。

左上塔"从忉利天降下"，塔龛内释迦结跏趺坐，坐在莲花座上，手作转法轮印。龛外两侧跪着二弟子二菩萨。二弟子有头光，双手胸前合十。左侧为跪坐的四臂菩萨，面容作威怒相，长发纵立，又似明王，袒上身，腰穿绿色裙，着手镯、臂钏，头发于后脑部上竖，右上手举日轮，左上手举月轮，中二手胸前合十（似为娜娜女神）。与此对应的右侧菩萨为二臂，饰物跪姿相同，双手胸前合十。左右上角云朵上各跪坐着一菩萨。

右上塔"调服醉象"，塔龛内释迦手作转法轮印，结跏趺坐，坐在红色莲花座上。龛外立着二弟子：右侧弟子面龛，双手合十，侍立龛侧；左侧弟子则面向外侧，背龛而立，身躯微曲双手捧白色钵，一头小白象温顺地站立在弟子身前，弟子在为小白象喂食或奉物。有白象的出现可以确认是释迦调服醉象大塔。左右上角云朵上各跪坐着一菩萨。八塔变相中调服醉象这一情节见于肃北五个庙石窟元代壁画第1窟，塔中侧立一菩萨，身前站立着三身驯顺的白象，其一象被菩萨提起。

右中塔"初转法轮"，塔龛内释迦手作转法轮印，结跏趺坐，坐在莲花座上。龛外立着二弟子，左右上角云朵上各立一佛像。参比莫高窟第76窟八塔变相"初转法轮塔"，主尊左侧榜题"普贤菩萨摩诃萨等赴法会"，右侧榜题"文殊菩萨摩诃

萨等来赴法会"。下方榜题："……受梵王之启请，赴波罗奈国鹿野苑中，化昆季之五人，始宣扬于四谛，此处初转法轮第三塔也。"本图右中塔简约，仅有一佛二弟子。

右下塔"猕猴奉蜜"，塔龛内释迦手作施无畏与愿印，结跏趺坐，坐在束腰红色莲花座上，面部微向左倾，眼神向下俯视。龛内左下侧侧立一形似弟子的人物，剃发，无头光，躯体枯瘦，衣不敝体，躬身面佛，手中持物不清，其姿态是在向佛奉物。龛外两侧各生长着一亘年古树，枝杈间枝叶翠绿茂密。左树一猕猴悬于树枝间，展双臂牵拉下面另一落井的猕猴；落井的猕猴足趾向上，头部已落堕入井中。其井口为方形木质高台井槛。左右上角背衬的卷草纹中垂下二手臂，手中垂着串珠。这一图形与莫高窟第76窟八塔变相猕猴大塔、猕猴落井图形相似，应为猕猴大塔。莫高窟第76窟八塔变相猕猴大塔下方榜题清楚写着："王舍城内，猕猴奉蜜于世尊，佛即纳之，身心欢喜而作舞，失足陷井，命终生天，此地兴隆，第七塔也。"左右侧榜题"猕猴戏蜜欢喜作舞蹈井"、"猕猴命终得生天上散花供养"、"菩萨声闻从佛会时"。刻画的是猕猴奉蜜作舞不慎堕入井中。据记述，一猕猴在佛前持钵奉蜜，另有树下三猕猴：一仰视欲攀树，一树下作舞，一堕入高台井槛的井中。

本八塔变在构图上特别注重均衡对称，尤其左右六个场面，上层两个场面左右上角云朵上各跪坐着一菩萨，中层两个场面左右上角云朵上各立一佛像，下层两个场面左右上角背衬的卷草纹中垂下二手臂，手中垂着串珠。

角抵与百戏（图版46）。第5窟左壁八塔变下面，一横长条幅画角抵与百戏，与八塔变等宽。虽与八塔变相没有紧密联系，可是它在八塔变相的边框之内，又似八塔变相的一个组成部分。画面两侧方形台座上各坐着一台主，右侧台主身后张

旗。左侧台主袒身，右手指向前方，身体健壮，大力士形象，身侧童子张伞盖。中间可见爬竿、舞刀、舞棍、弯弓射箭、角力及舞姿动作。画面残存三分之一，多数形象已剥蚀掉了，仍是极为珍贵的体育资料（图40）。

图40　角抵与百戏

八相成道有大、小乘之别。大乘八相：降兜率、入胎、住胎、出胎、出家、成道、转法轮、入灭。小乘八相：降兜率、入胎、降魔、出胎、出家、成道、转法轮、入灭。大乘八相无降魔而有住胎，一般以小乘为是。按《四教义》卷七所说的八相为，一从兜率天下、二托胎、三出生胎、四出家、五降魔、六成道、七转法轮、八入涅槃①。

若依《佛说八大灵塔名号经》所载，八大灵塔分别为：第一迦毗罗城龙弥你园佛生处，第二摩伽陀国泥连河边菩提树下佛证道果处，第三迦尸国波罗奈城转大法轮处，第四舍卫国祇陀园现大神通处，第五曲女城从忉利天下降处，第六王舍城声闻分别佛为化度处，第七广严城灵塔思念寿量处，第八拘尸那城娑罗林内大双树间入涅槃处②。又依据《阿育王传》卷二《十地经论》卷三所载之八相成道说，阿育王于佛生处、成道处、转法轮处、涅槃处各建塔，加祇陀园现大神通处等四塔，演变成八大灵塔③。

从图像来研究，追寻其渊源，以"释迦降魔成道"和"涅

①《大正藏》46册，第745页。
②《大正藏》32册，第773页。
③《大正藏》26册，第152页。

槃"为中轴，两侧列小像这种构图的八塔变，兴盛于印度波罗王朝时期。这种类型的作品很多，其代表作如：加尔各答印度博物馆收藏的巴特那出土的10世纪东印度"释迦成道与七像"浮雕，比哈尔出土的10世纪波罗朝"释迦降魔成道八相"浮雕，波士顿美术馆藏11世纪东印度"戴宝冠的成道释迦和七相图"浮雕。这里举例加尔各答印度博物馆收藏"释迦成道与七相"，中心是形象高大的"释迦成道相"，顶上是"入涅槃"，左侧三个场面自下而上为"诞生"、"调服醉象"、"舍卫城神变"，右侧三个场面自下而上为"猕猴奉蜜"、"从忉利天降下"、"初转法轮"。成道和涅槃是体现释迦本质的两种形式，在传统的佛教中，成道被称作有余涅槃，入灭被称作无余涅槃。在密教兴盛的波罗王朝，释迦成道作为表现佛陀本质的积极形象占据了画面的中心，代表最高境界的涅槃位于画面最高处。左右六场面配置的位置并不固定，并不一定按故事时间顺序排列。在构图上注重左右对称。

西夏时期盛行八塔变，在榆林窟西夏洞窟第3窟正壁正中同样有着更为显赫的八塔变，中央大塔塑"释迦降魔成道像"，上方绘"涅槃图"，左右六个小塔分别绘"树下诞生"、"舍卫城神变"、"从忉利天降下"、"调服醉象"、"初转法轮"、"猕猴奉蜜"。西夏八塔变相作品中，黑水城出土定名《金刚座触地印释迦牟尼佛与佛塔》唐卡（艾尔米塔什博物馆藏），可以认定是八塔变相的另一种形式（图41）。中轴线上中心大塔内为释迦牟尼佛触地印并二菩萨，题名"菩提树下成道塔"；下方以并列着五塔为代表的题名"降服外道名□塔"；左右六塔仅绘塔形，没有佛像图形。左边三塔分别题名为"尘园法轮初转塔"、"释迦如来生处塔"和"拘尸那城涅槃塔"。右边三塔分别题名为"耆门崛山大乘塔"、"庵罗林会维摩塔"和"佛从天下宝阶塔"。断代在12世纪末[1]。

图41 黑水城出土西夏唐卡《金刚座触地印释迦牟尼佛与佛塔》（艾尔米塔什博物馆藏）

宁夏贺兰县宏佛塔出土的八塔变相绢质唐卡，此画虽然残缺不全，仅存六塔，因有"鹿苑转法轮塔"、"□□□涅槃塔"、"释□□□处塔"，可以确认它是12世纪末西夏八塔变相的又一实例[2]。西夏八塔变的遗风波及到元明，肃北五个庙石窟元代壁画第1窟八塔变相，位在中心柱正壁，其构图同样是以降魔塔为主塔，左右上角是魔军围攻、魔军举风轮、鼓气囊、持长矛等武器。两侧列小塔：左上塔释迦诞生，塔中侧立一菩萨，右手抚摸前胸，左手下垂伸向站在前面的小菩萨，身后一人举华盖；右上塔为调服醉象，塔中侧立一菩萨，身前站立着3身驯顺的白象，其一象被菩萨提起。左中塔和右中塔漫漶不清，仍然可以看出是舍卫城千佛化现3尊佛像。文殊山后

①谢继胜：《西夏藏传绘画黑水城出土西夏唐卡研究》，第37页，河北教育出版社，2002年。

②雷润泽等编：《西夏佛塔》文61页及图版47，文物出版社，1995年。

山古佛洞中心柱正壁也有一幅八塔变，现在仅余上方的涅槃图。

救八难十一面观世音菩萨。是观世音的化身，由于形象具有十一面，称十一面观世音。它的多面多臂象征着它有更多的能力去救渡众生。东千佛洞共有3幅十一面观世音，位在第2、4窟前室右壁和第7窟后室中心柱右壁，其中第2、4窟为救八难十一面观世音菩萨，两侧列观世音救八难图。

第2窟救八难十一面观世音菩萨（图版7），十一面观世音坐在圆拱形背龛内，青色身光、椭圆形多裂弧形的头光，龛外为弧形光芒状七色道构成的具有中亚风格的外射光焰。

主尊观音身白色，八臂，正面五重，由下而上作3、3、3、1、1排列。第1-3重每重三面，皆作头戴三叶宝冠菩萨面相。当前三面作寂静相，现慈悲形。左右面八分侧，左边三面作利牙出现相，嘴唇小启微露齿，右边三面作威怒相。其色相：第一重正面白色，右面绿色，左面红色。第二重正面红色，右面白色，左面绿色。第三重正面白色，右面绿色，左面红色。三面的色相是白、绿、红的转换。第四重青色怒目金刚，三只慧眼笑怒相。第五重红色结跏趺坐阿弥陀佛。唐不空译《十一面观自在菩萨心密言念诵仪轨经》等汉译诸经所载十一面观世音菩萨当前三面作寂静相，左边三面作威怒相，右边三面作利牙出现相，壁画正好左右相反[1]。

观音冠戴，佩有金黄色耳环、项链、长璎珞、臂钏、手镯和脚镯。两只主臂置于胸前二手合掌，按照仪轨手指间持如意宝，已看不清楚。右侧三手依次持佛珠、施愿印、持法轮。左侧三手执金莲花枝、握宝瓶、执弓箭。腰系镶红绿各色宝石腰带的黑色裙。观音莲花月轮座上结金刚跏趺坐，座前饰蓝边白底饰毯，坐于多层彩石筑就的十字折角高台佛座上。座下的莲池中一池碧水，中心粗壮的莲茎两侧数朵支茎枝叶作回旋状的

攀绕，深褐色底色上衬托着鲜嫩的白枝和绿叶，中心敷开着浅红色莲花。虚空翻滚着的五彩祥云。左右角火光云朵中各映现着恭身向下俯视的二天人，右方前一天人作双手向下赐物的动作，后一天人张红色幢；左方前一天人双手捧盘献物，后一天人张红色幡。

观音两侧侍立着8身菩萨，左右各立4身。站在前面的4身菩萨显露全身，后面4身仅有头部。它们身姿袅娜，其身像有白、黄、青、赭诸色。均取西夏惯用的双脚并拢一侧的立姿，有头光和身光。观音右前侧第一身菩萨，身像为白色，头饰身姿皆印度波罗样式，头戴饰花钿的双层五叶宝冠，脑后梳立着高耸的高发髻，高髻上插花簪束以色带，髻顶上饰以花钿宝石。黑色秀发垂于双肩。椭圆形面孔，弓形眼，两眼俯视略有沉思感。身段略作弯曲，肤肢白色。丰胸细腰，胸腰间涂色带数条，以示肌肉的起伏。着镶宝石腰带的黑色短裙。身佩金黄色圆形大耳环、项链、长璎珞过膝、臂钏、手镯和脚镯。右手下垂握绿色莲花枝，上面绽开着莲花。左手胸前作说法印。双脚并拢一侧，站在莲台上。其身后菩萨身青色，右手说法印，另二身仅显头胸部分。观音左前侧第一身菩萨，身像亦为白色，左手胸前作说法印，右手下垂握绿色莲花枝。其身后菩萨身橘红色，另二身仅显头胸部分。左右各4身菩萨形体色相相对应，站在前面的两身菩萨均身白色，手持莲花，其后是黄、青、赭诸色相菩萨。印度造像学文献中白色身形的观音，其胁侍有绿度母、善财、金刚忿怒佛母（黄度母）和马头金刚。这里或为它的变异，身青绿色的大概可以确认为绿度母。实际上8身菩萨可以区分为身相相同的两组分侍于侧。双脚并拢投向

① 《大正藏》20册，第141页。

佛而不是分立，是西夏图像学一大特点，为黑水城出土的西夏绘画艺术品菩萨通用的模式，这里亦见之于东千佛洞（图42）。

上方并列五方佛及展立2身明王（忿怒护法）。五方佛由左至右依次为：身蓝色东方不动如来，右手当胸，左手禅定印；身白色南方宝生如来，右手作慈悲印，左手持如意宝；身黄色中央大日如来，结法轮印；身红色西方阿弥陀佛，双手结定印；身绿色北方不空成就佛，左手作禅定印，右手作无畏印。两端为2身明王。

左右外侧分列8个方格，为观音救八难画面：左侧水难、牢狱（镣铐）难、盗贼难、非人难；右侧火难、蛇难、象难、狮难。其配置是遵循着均衡对称的原则，显得相当严整。每方都以侧身面向外舒坐的观音为主尊。观音身白色，戴三叶冠，结高筒状发髻，身佩金黄色耳环、项链、璎珞、臂钏、手镯和脚镯。以游戏自在坐坐在莲花台座上。一手拿开着的红色莲花，一手施愿印，神态慈详地俯视着站在他前面的危难者。危难者则是双手合十或双手下垂站立在观音面前。上角显示某种灾难袭来的图形，如水难，观音面前站一人双手合十，上方一龙兴雨，一缕水光云气袭击下来；牢狱（镣铐）难，观音面前站一人头戴铐枷，上方为高墙牢狱；盗贼难，观音面前站一人双手合十，上方为一空行盗贼；非人难，观音面

图42 莲花手菩萨（黑水城出土唐卡艾尔米塔什博物馆收藏）西夏

前站一人双手合十拜观音，上方为一蓬头垢面、身材枯瘦的人非人；火难，观音面前站一人双手合十拜观音，上方冒着一缕火光；蛇难，观音面前站一人双手合十拜观音，上方一条蛇在动荡；象难，观音面前站一人双手合十拜观音，上方一象袭击下来；狮难，观音面前站一人双手合十拜观音，上方一狮调头向下袭击下来。从图形排列上看水难、火难是放在首位。

第4窟右壁救八难十一面观世音（图版37），结构与第2窟完全相同，唯龛形略有差别。观音坐在横木立柱波罗宫殿式佛龛里，外为七色道构成的具有中亚风格的外射光焰。身光左右上侧出现了如意宝和日轮，右侧为白色如意宝，左侧为红色日轮。观世音十一面作3、3、3、1、1排列，面相已严重漫漶不清。身白色，身生八臂，手中持物多已漫漶不清。残迹表明和第2窟十一面观世音是一样的，两只主臂置于胸前二手合掌，右侧三手依次持佛珠、金轮、施愿印，左侧三手执金莲花技、执弓箭、握宝瓶。结金刚跏趺坐，坐在莲花座上。下方紧连着莲池，无高台座。左右两侧立八大菩萨，每侧4身。左右外侧为观音救八难八方。上方并列五方佛，两端二明王。

第7窟十一面八臂观音（图版71），比起第2窟十一面观世音，没有救八难和五方佛。观音坐在圆拱形龛内，外为七色道组成的外射光芒状。头光椭圆三列弧形，顶额之上覆盖着茂密的绿色菩提树叶组成的伞盖。龛外围萦绕着七色彩云。

观音身像铁红色。十一面作3、3、3、1、1五重排列。第1-3重每层的三面色相，只有铁红色和绿色的交替，第一重正面铁红色，右面绿色，左面铁红色。第二重正面绿色，右面铁红色，左面铁红色。第三重正面铁红色，右面绿色，左面铁红色。第四重一面青色，三只慧眼笑怒相。第五重铁红色佛面。

观音佩有金黄色耳环、项链、长璎珞、臂钏、手镯和脚镯，腰围白色短裙。八臂中，置于胸前的两只主臂两双手合

掌，右侧三手依次持佛珠、施愿印、持法轮，左侧三手依次持金莲花枝、握宝瓶、执弓箭。结金刚跏趺坐，坐在双层束腰高座的莲花座上。座前台座上置月轮上写种子词已不清楚。虚空间漂浮着天花雨。左右上角彩云火光中各漂浮着行进的两天人，向下俯视，面向观音，前天人双手举伞盖，后随行身材较小双手托圆盘盛供品的天人。观音两侧舒坐着4身供养菩萨，左右侧各两身：右上菩萨双手合十；右下菩萨执金刚杵；左上菩萨双手合十执花枝；左下菩萨左手持莲花。身像都已变成铁红色，根据印度造像学原始文献，十一面八臂观音身像为红色时，观音的眷属有度母、金刚忿怒度母等。

以上3幅十一面八臂观音，第2、4窟救八难十一面观世音图像基本相同，为龛形身光连为一体的七色道光焰外射的圆拱形龛。观音身像为白色，随从8身菩萨，外列观音救八难，上方并列五方佛，两端二金刚。第4窟增加了波罗宫殿式佛龛，身光左右上侧出现了如意宝和日轮。而第7窟十一面八臂观音身像为铁红色，观音两侧舒坐着4身菩萨。第2窟十一面观世音对应的是绿度母，而第7窟十一面观世音对应的是顶髻尊胜佛母，它们的身相和装饰都是以藏式为主流的十一面观音。

十一面观音是多头多臂的特殊造型，大约在6世纪左右，十一面观音的造型在印度出现之后，便传到印度以外许多地区。在我国十一面观音的图像初现于初唐，到了盛唐大量流行，以后又有藏传佛教的传入。实际上存在两个系统，即汉地系统和藏传系统。自西夏、元代以后，汉地式样便极少出现了，藏传系统得广泛采用。以上这3幅都是以藏传佛教十一面观音图像式样为主流。

观音信仰在西夏时期非常盛行，出现了很多描绘观音的绘画。黑水城出土的现存艾尔米塔什博物馆的十一面观音，可以称得上是一幅上佳的作品（图43）。十一面观音菩萨形象俊

图43 十一面观音唐卡（现藏于俄罗斯艾尔米塔什博物馆）西夏

秀，端重庄严，结金刚跏趺坐，坐在波罗式背龛内。近侧配列的眷属是阿难和迦叶二弟子，左右侧配列四大天王，下方四位神是马头金刚、白伞盖佛母、摩利支天、绿度母，上方列五方佛。其构图形式与东千佛洞有所不同，特别是随从眷属截然不同，反映了两地的差异性[①]。

瓜沙地区统计到的西夏时期的十一面观音，除了东千佛洞这3幅壁画外，还有敦煌莫高窟第335、443窟中的两幅西夏十一面观音图；肃北五个庙石窟第1窟十一面（3、5、3排列）

①谢继胜：《西夏藏传绘画黑水城出土西夏唐卡研究》，彩图16，河北教育出版社，2002年。

二十四臂立观音，及第3窟十一面观音，左侧为少女形象的吉祥天王和护法金刚，右侧为老人形象的婆薮仙（阿输迦）和戴猪冠的毗那夜迦天（摩利支天）；而武威亥母洞出土的西夏十一面观音立像唐卡，虽然已很不清楚，但绘画手法带有中原风格，胁侍菩萨结波罗式发髻。因此，东千佛洞的3幅十一面观音就成为瓜沙乃至西夏境内最重要的十一面观音图[1]。而西夏时期十一面观音救八难也是这里仅见。

就八难图本身而论，这里的两幅十一面观音救八难，和下面将要叙述的一幅绿度母救八难，其八难图的构成要素是一致的，虽有以十一面观音作主尊和绿度母作主尊之别，但八难图都是次第相同，左侧列着水难、牢狱（镣铐）难、盗贼难、非人难，右侧列着火难、蛇难、象难、狮难。

救八难，按照佛教的说法，"指行受戒，自恣等之时，若有八难事来，则听许略说自恣"。若依《四分律卷》八难即：王难、贼难、火难、水难、病难、人难、非人难、毒蛇难[2]。壁画和上记有较大的出入，不见难以表现的王难、病难、人难，而有牢狱（镣铐）难、象难、狮难，看来依据有所不同。

观音救难图来自《法华经·普门品》，在佛教雕刻和绘画中观音救难图就成了最常见的题材，如敦煌莫高窟壁画与出于藏经洞的绘画中，从隋代经唐代持续到北宋的观音救难图有相当的数量，这些作品可以称之为普门品变相图。对于观音救难图景，少则表现数事，多则表现数十事，或多或少各有所取舍，并无固定的数量，也就包含了观音救八难。但无一例是规整对称数量的观音救八难图。如敦煌莫高窟盛唐第205窟观音救难图，观音立像周围配海难，火坑难、恶鬼、恶兽、蛇难、枷锁难、怨贼难、推堕须弥峰难、刀难、堕落金刚山难等。已很接近观音救八难图，但仍然不是固定数量的观音救八难图。

而有固定数量的均衡对称的观音救八难图，见于西印度石窟石刻及壁画，统计到的有12例，仅西印度阿旃陀就有6例，一般是中央以大画面形式表现观音，两侧通常列8幅遭遇危难并寻求救济的场面[3]。而这种观音救八难图又为西藏佛教所常见，产生过不少优秀的绘画作品，东千佛洞救八难十一面观音菩萨陪景装饰的浓郁藏传佛教气氛，表明它们来自藏传佛教系列，而且它们是仅见的西藏观音救八难和绿度母救八难图。

救八难绿度母。东千佛洞共有绿度母2幅，它们位在第2、5窟的左壁。第2窟为绿度母救八难，与右壁救八难十一面观世音适成对应。第5窟为绿度母。

第2窟绿度母救八难的壁画（图版8），绿度母坐在圆拱形龛内，白色头光，圆形身光，四色组成的光芒外射状的举身光，外加一层联珠纹。

绿度母身绿色，一面二臂，头部微微右倾现慈悲相，头戴金黄色波罗式三叶头冠，叶冠后方没有吐蕃样式突起高耸发髻，头发浓密，呈扁平波浪状，发辫结成球状垂于两肩，蓝色宝缯外飘。身穿有别于藏地裸身传统的汉地式样白色开襟坎肩。腰系镶红绿各色宝石腰带的白色围裙。身佩金黄色耳环、项链、璎珞、臂钏、手镯和脚镯。舒右腿，以游戏自在坐坐在红、绿、蓝、白四色仰覆莲花座上，右脚踩在与莲座主莲相连的小莲蓬座上。右手掌向外置于右膝上，施愿印，左手置于胸前持蓝色乌巴拉花，上显五朵花朵，中心花朵绽放，周围四朵闭合待放。身躯右侧相应的部位装饰着一枝红色莲花。主尊四

①彭金章：《敦煌石窟十一面观音经变研究》，刊《段文杰敦煌研究五十年纪念文集》，世界图书出版公司，1996年。
②《四分律卷》卷三十四、卷三十八《佛光大词典》。
③官治昭著，李静杰译：《期瓦特的八臂观音救难坐像浮雕》、《敦煌研究》2000年3期。

色仰覆莲花座下由一茁壮的主莲茎支撑，主莲茎两侧回旋着枝叶茂密的支茎，中心盛开着莲花，黑色衬底显得绿色枝叶粉红色莲花格外鲜明。

莲花座前面有一部动作幅度很大的舞伎，二舞伎头戴五叶宝冠，形体赤裸，佩臂钏、手镯和脚镯。肩部共佩以挽着大结而且很长的宽飘带，飘飞在体外侧。两人臂膝相挽相向交舞，各用一臂挽在一起举过头顶，用手共托着一个覆盖着宝蓝色透明琉璃的盘子，盘内盛着五种宝物。另一只手臂则用力将腿膝挽到腹部，且同样交织在一起。另一只腿部作倾斜状十字交叉站在佛台上。四肢交织在一起对舞它处罕见，不但两只手臂挽一起，而且两腿也交织在一起。双手所举的盘中宝物显然是供佛的供品，它们是供佛的一对舞伎（图44）。度母的腹胯之际的外侧踞坐着四位尊神：左侧靠里侧的一身为身蓝色的蓝度

图44

绿度母下方舞伎

母，头上红发结成团状，具三只慧眼，着黄色黑花纹坎肩，右手拿骷髅碗，左手拿剥皮刀。靠外的一身为金色的大幻金刚母，右手胸前作手印，左手腹际定印。右侧靠里侧的一身为金色的阿输迦，右手胸前施无畏印，左手不显露。靠外的一身为灰色着蓝色坎肩和蓝色围裙，猪首摩利支天，双手于胸前合十。

度母身侧侍立着6身菩萨，每侧3身。左右侧前两身身姿是一样的，以左侧这身最为美妙，菩萨身像为青黑色，头饰身姿皆印度波罗样式，头戴镶嵌珠宝的五菱花宝冠，黑色高发髻饰宝石、花钿、下垂串珠，髻中束以白色花簪。黑色秀发垂于双肩。椭圆形面孔，弓形眼，两眼俯视略有沉思感。身段略作弯曲，丰胸细腰，着镶宝石腰带的青色短裙。身佩金黄色耳环、项链、长璎珞过膝、臂钏、手镯和脚镯。右手胸前作说法印。左手下垂握蓝色乌巴拉花，上面绽放着花朵。双脚并拢一侧，站在莲台上。与其对应的左前那身菩萨身像为白色，身姿相同，左手胸前作说法印，右手下垂握绿色莲花枝。立在身后的其余4身菩萨仅探露头胸，仅一身双手合十，余者不显手印。就其前两身菩萨而论，他与本窟与其对应的十一面观音前侧两身菩萨身姿是相同的，皆一手作说法印，一手持花枝。

围绕背光虚空间漂浮着五彩祥云。左右上角火光云朵中各映现着恭身向下俯视的二天人，左方前一天人双手捧盘，后一天人张红色幢；右方前一天人双手捧盘，后一天人张红色大旗。

顶上一字形排列着五方佛，两端为二明王。五方佛由左至右依次为：身蓝色东方不动如来，右手当胸，左手禅定印；身红色西方阿弥陀佛，双手结定印；身黄色中央大日如来，结法轮印；身白色南方宝生如来，右手作慈悲印，左手持如意宝；身绿色北方不空成就佛，左手作禅定印，右手作无畏印。五方

佛排列顺序、身姿、色身与十一面观音上方五方佛完全相同。

图之左右外侧为绿度母救八难，左侧为水难、牢狱难、盗贼难、非人难，右侧为火难、蛇难、象难、狮难。与本窟十一面观音救八难的图形相同，不同的是十一面观音图中是观音救八难，显观音的身形，这里显绿度母的图形。这里的八方绿度母取同一姿态，绿度母身绿色，冠戴与主尊相同，没有穿坎肩，身佩金黄色耳环、项链、璎珞、臂钏、手镯和脚镯，腰系围裙。侧身面向外以游戏自在坐坐在莲花台座上。一手置于胸前持蓝色乌巴拉花，一手掌向外置于右膝上施愿印。绿度母身前各显不同的图形：水难，下立一人，上方一龙头兴水，一缕水光云气袭击下来。牢狱难，下立一人，上方显牢狱。盗贼难，下立一人，上方显一持刀盗贼。非人难，下立一人，上方显一人非人。火难，下立一人，上方显火光。蛇难，下立一人，上方一蛇游动。象难，下立一人，上方一飞腾白象。狮难，下立一人，上方一向下俯冲的雄狮。立着的人裸身，仅着短裙，双手合十躬身而立，神态虔诚有所乞求。绿度母俯首，目光投向遇难者，显得慈悲关爱。

第5窟绿度母（图版30），坐在三裂叶拱形垂帐式龛内，龛内悬着5个挂钩，钩上挂着多条白色串珠，三裂拱龛是由三裂叶拱岩窟演变而来，这里挂满串珠极具装饰性。

度母身绿色，身躯微微向右倾斜，以游戏自在坐坐在由莲池中生长出来的主莲茎支撑的白色大莲座上，舒右腿，右脚踩在由水池中主茎引出的支茎的莲蓬上。曲左腿于白色莲花上，头戴波罗式三叶头冠，叶冠后方没有吐蕃样式突起高耸发髻，头发浓密，呈扁平波浪状，发辫结成球状垂于两肩。身佩金黄色耳环、项链、璎珞、臂钏、手镯和脚镯，身绕白色串珠。腰系围裙，穿白色丝袜。右臂向外曲伸，右手置于右膝上作施愿印，左手置于胸前持花枝，上显两朵白色花朵，下朵已绽放，

上朵苞蕾未放。头光及身光皆为白色。身前莲池中生长着一朵朵白色莲花，并可见游动着的水鸟、回眸张望的异兽和长角野牛。背衬着11至12世纪西藏唐卡中常见的图案状的山岩和树木背景，上方排列着一列无忧树，山岩作菱形，树冠呈桃形，布局紧密不留空隙，山林间灵鸟栖息，山羊走动。两侧为6身眷属，每侧3身，皆右舒相莲花座坐在三裂叶拱形垂帐式龛内，身色有绿、黄、白诸色。绿度母通常有自己的8位绿度母相伴，这里为6身。上方拱形垂帐式龛内为结跏趺坐的五方佛，五方佛由右至左依次为：身绿色北方不空成就佛，左手作禅定印，右手作无畏印；深红色西方阿弥陀佛，身残；身黄色中央大日如来，结法轮印；身白色南方宝生如来，右手作慈悲印，左手持如意宝；身蓝色东方不动如来，右手当胸，左手禅定印。

本幅绿度母纤细优雅的身材，由主衬的菱形山岩，黄绿相间的色调等很多方面，与黑水城出土的断代在1227年前的西夏唐卡缂丝绿度母有着相同的人物造型和色调，都是以蓝绿冷色为主调。唐卡缂丝绿度母上方为五方佛，右下方立像黄色二臂身形的摩利支天忘忧女，左下方是蓝色恐怖身形、右手持剥皮刀、左手持头骨碗的独髻母，即忿怒相蓝度母。唐卡上下卷轴装饰部分莲花荷叶卷草纹中绘四位空行母（图45）。

第2窟绿度母图有6身菩萨侍立于身侧，第5窟6身眷属坐在两侧龛内。第2窟虚空间飘浮着云彩，第5窟背衬

图45　缂丝绿度母（黑水城出土唐卡艾尔米塔什博物馆收藏）西夏

充满菱形山岩。第2窟绿度母腹胯之际踞坐着蓝度母、大幻金刚母、阿输迦、猪首摩利支天四位尊神，外侧为绿度母救八难，这是第5窟所没有的。在画风上也有明显差别：第2窟人物造型敦厚，颜色浓烈；第5窟人物造型清癯，用色清雅。

度母，全称救度佛母，我国古代称多罗菩萨、多罗观音，共有二十一尊，皆为观世音菩萨之化身，绿度母即二十一尊度母之一。我国西藏及蒙古，对其信仰颇为盛行，如藏王松赞干布的二妃子文成公主与尺尊公主，就被认为是白度母和绿度母的化身。日本以此菩萨为三十三观音之一，称为多罗尊观音。

度母的信仰大约出现在6世纪，8—12世纪已在佛教神灵中占有一定地位。11—13世纪绿度母图像已经出现了相当精美的作品，如断代为11世纪后半叶的巴尔第摩福特藏品绿度母唐卡，中心画绿度母和四位眷属，右侧是猪首摩利支天和阿输迦，左侧是独髻母和大幻金刚母。主尊左右两侧绘有八位坐着的救八难绿度母。上方是五佛，画面底行出现的是五位持剑六臂神灵和坐于供品前的僧人①。另有断代为1145年前后印度比哈尔出土《八千颂般若波罗蜜多心经》绿度母经卷插图；13世纪后半期纽瓦尔艺术家阿尼哥创作的绿度母。比较起来，上列作品都是唐卡、经卷插图、绢画，同时期的壁画则少见，绿度母救八难仅见于瓜沙地区的瓜州东千佛洞。

四臂观音图。四臂观音是观音的密教化身之一，佛菩萨之菩提心所化现。世人称为大慈大悲的观世音菩萨，与婆娑世界之众生特别有缘，是因为他经常示现救度众生，故此观世音菩萨最受人供奉。其真言为六字大明咒，即嗡、吗、呢、呗、墨、哄，又称六字观音。

东千佛洞只有一幅四臂观音，位在第5窟北壁（图版59）。该幅四臂观音坐在三裂叶拱形垂帐式龛内，白色头光蓝色身光。观音形体秀雅，身躯为亮丽的洁白色，代表清净无暇。头戴五叶冠，顶结尖状高髻。身上佩有金黄色耳环、项链、长璎珞、臂钏、手镯。左肩斜披赭色鹿皮绶带，代表慈悲及纯正的心。腰系绿色腰带的黑色镶宝石串珠的围裙。两只主臂置于胸前双手合十，结契印，抱着一颗如意宝珠。另外两臂向外伸展，左手轻捻向外绽放的莲花，右手拎着向下垂吊的念珠。腿部穿着贴体透明短裤。结跏趺坐于白色莲花座上，其下两力士举双手托着莲座。身前莲池中盛开着一朵朵莲花。观音左右身侧坐着两眷属，应为大明佛母和侍宝。左侧大明佛母，二臂，头戴五叶冠，脑后结高筒状发髻，身躯为洁白色，左肩斜披赭色鹿皮绶带，左手拇指和食指捻着一粒白色宝珠，右手手印，舒坐在由支茎引出的莲蓬座上。右侧侍宝，四臂，同样头戴五方叶冠，脑后结高筒状发髻，身躯为洁白色，左肩斜披赭色鹿皮绶带，两主手胸前合十，另两手向外曲伸。同样舒坐在由支茎引出的莲蓬座上。当四臂观音与大明佛母出现在一组绘画中时，称为世观音。观音身躯左右侧岩窟里坐着面向观音的二尊裸体婆罗门。

上方三裂形的岩窟里结跏趺坐坐着五方佛，五方佛由右至左依次为：身蓝色东方不动如来，右手触地，左手禅定印；身红色西方阿弥陀佛，右手说法印，左手禅定印；身黄色中央大日如来，结法轮印；身绿色北方不空成就佛，右手作无畏印，左手作禅定印；身白色南方宝生如来，右手作慈悲印，左手持如意宝。整幅壁画的背衬为菱形图案化的山岩，充满全壁，构图严密。四臂观音的崇拜在西夏、元代特别流行，现在存世的有黑水城出土藏于艾尔米塔什博物馆西夏唐卡四臂观音（残），色调清丽温润，人物姿态优雅和谐。

①《天空の秘宝・チベット密教美術展》图版19及图版解说，日本东武美术馆、朝日新闻社共同举办，1997年。

现存敦煌研究院陈列中心元顺帝八年（1348年）《莫高窟六字真言碣》是一件内涵丰富的重要佛教刻石，主尊就是四臂观音，周刻六体文六字真言，下刻与此功德活动有关的人员题名[1]（图46）。经研究认为：《莫高窟六字真言碣》是以四臂观音为主尊刻制的平面坛场。立此碣首先是由佛教界人士参与的敦煌地区世俗社会的一次驱魔消灾的宗教崇拜行为。它是按照藏传佛教中的一些整齐而复杂的集体性仪规来完成的[2]。另有莫高窟第149窟东壁门南元代四臂观音一铺；瓜州榆林窟第27窟东壁北部和西壁北部各有一铺元代四臂观音壁画；酒泉文殊山石窟菩萨殿四臂观音壁画。

顶髻尊胜佛母图。顶髻尊胜佛母意为具有顶髻的尊胜女，

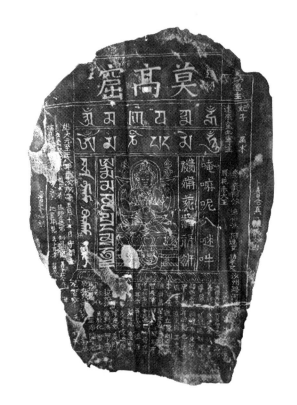

图46　元顺帝八年（1348）敦煌《莫高窟六字真言碣》中四臂观音

是位救苦救难的菩萨，它是以佛陀的肉髻神格化所产生的女性神祗，并且是大日如来的化身。西夏广为流行，东千佛洞共有顶髻尊胜佛母壁画两幅，位在第2窟前壁和第7窟中心柱左壁。

第2窟顶髻尊胜佛母端坐在覆钵形佛塔内。塔的结构依次为：刹顶为仰覆莲座托着合瓣莲花的宝珠，两侧水平地飘动着黄蓝色相间的幡带；伞状遮雨盘（承露盘），盘侧对称地下垂着宽大的卷曲着的蓝色幡带；上置金黄色宝珠的七重棕色相轮及镶嵌宝石的须弥座。

白色的覆钵形塔身开三裂拱佛龛，背衬波罗宫殿式，上具多层横木，左右竖立柱。顶髻尊胜佛母结金刚跏趺坐坐在下由方台座承托的莲花座上。白色头光，青色身光，外缘为红、绿、蓝、白诸色带组成的外放光芒，外匝黄色色带镶红、蓝诸色宝石。塔的整体造型以高大圆形覆钵为主体，显得很庄重稳定。但没有塔座的位置。

顶髻尊胜佛母，身白色，生有三面八臂，正面为白色半寂半忿相，左面蓝色为忿怒相，右面黄色呈慈悲相，各面具三只慧眼。头戴镶嵌红、绿诸色宝石的三叶冠。黑色秀发梳理成高筒状髻饰，顶上垂着诸色宝石组成的花钿。身佩金黄色耳环、项链、璎珞、臂钏、手镯和脚镯，腰围短裙。右一手执十字羯磨杵对准心间；右二手持一茎长茎绿色枝叶的莲花，上托身着红色袈裟禅定佛，置于佛母正上方；右三手手印（应为持箭）；右四手结施愿印。左一手胸前手印（应为持罥索），左

① 碣刻系察哈台（按即叉合歹Caraday）的后裔，进入甘肃的出伯一支裔，出伯之孙西宁王速来蛮镇沙州（敦煌）期间，至正八年（公元1348年）立石，供养人80多人中多是蒙古人的姓氏。

②敖特根：《莫高窟六字真言碣研究》，刊《敦煌研究》，2005年第6期。

二手执弓，左三手结施无畏印，左四手结定印捧宝瓶。莲花座前由两朵祥云及莲座上承托的白色月轮上书写着梵文种子词。塔龛上方虚空间涂着红色衬底，五色彩云凝结在塔龛上方。左右上角火光和云朵中跪坐着持明童子，向下俯视佛母，左侧持明童子双手握着倾倒的甘露瓶，左侧持明童子握长寿草。

身前侍立着二胁侍：右胁侍身黄色观世音菩萨，右手拿拂尘，左手持浅红色敷开的莲花，白色身光和头光；左胁侍展立着身青蓝色战斗姿忿怒金刚手大势至菩萨，红色怒发结成扁平圆球状，右手胸前持降魔杖，左手作手印，身佩蛇形饰，腰围虎皮短裙，身像背衬燃烧着的红色迦楼罗焰光。

两侧舒坐着四位供养菩萨，皆白色身相，头饰三叶冠，结高筒状髻饰，唯右下一身未结髻。双肩披秀发，身佩金黄色耳环、项链、璎珞、臂钏、手镯和脚镯，腰围短裙。右上菩萨左手举红色伞盖，右手作手印；右下菩萨双手胸前合十；左上菩萨双手胸前托圆轮；左下菩萨左手腹际托细颈瓶，右手持物不明。按照仪轨，这里四位供养菩萨的位置应是四大明王护法，画面却是四位菩萨。

第7窟顶髻尊胜佛母（图版74），坐在覆钵形佛塔内。是塔为藏地流行的喇嘛塔刹，即一小覆钵塔作塔刹，其顶端是宝珠刹顶，以下依次为：遮雨盘（承露盘），两侧对称地下垂着蓝色飘带，白色圆球状覆钵，置高宽的束腰形须弥座上。

覆钵形塔身上开圆拱形帷幔饰巾龛，龛两侧立方形柱头的龛柱。

顶髻尊胜佛母，黑色头光，绿色身光，红、绿、蓝、白诸色带组成的光芒式举身光。肤色由于色变的原因，或者色相本身的原因，现在已经蜕变成黑色。头戴五叶冠，脑后结悬着珍宝串珠的高筒状髻饰。身佩黄色耳环、项链、璎珞、臂钏、手镯和脚镯，已经退色，腰围短裙。顶髻尊胜佛母三面八臂，正

面半寂半忿相，左面蓝色忿怒相，右面慈悲相。右一手执十字交杵对准心间；右二手持莲花，莲花上坐定印结跏佛，结于佛母正上方；右三手持箭；右四手结愿印。左一手胸前持羂索，左二手持弓，左三手结施无畏印，左四手结定印捧宝瓶。结金刚跏趺坐坐在束腰须弥高台座承托的莲花座上。

两侧舒坐着四菩萨，四位菩萨的身色和主尊一样现在蜕变成了黑色。头戴五叶冠，脑后结高筒状发髻。右上菩萨举华盖，右下菩萨持物不清，左上菩萨双手胸前捧金轮，左下菩萨持物不清。四位菩萨的持物应该说与第2窟是一致的，它们右上菩萨和左上菩萨均举华盖和持金轮，唯本幅右下菩萨和左下菩萨持物不清。第2窟右下菩萨和左下菩萨为双手合十和手执细颈瓶。

覆钵塔龛以上的虚空间白底上飘浮着天花雨。左右上角云朵火光中各侧立着裸体着短裙，身佩项链、璎珞、臂钏、手镯和脚镯菩萨装持明童子及侍者。两持明童子皆双手紧握窄口甘露瓶，瓶口向下倾斜似在倾倒甘露，但不见滴流，侍者双手举伞盖。比起第2窟持明童子，形象差别较大。其形象与本窟和本幅壁画相对应的十一面观音上方左右角天人表现形式则是一致的。

以上两幅顶髻尊胜佛母壁画，坐在覆钵形佛塔内。第2窟为9尊，两侧侍立着观世音菩萨、忿怒金刚手大势至菩萨，及舒坐着四位供养菩萨。第7窟为7尊，两侧舒坐着四位供养菩萨。与第2窟比较，没有侍立的观世音菩萨和忿怒金刚手大势至菩萨。

有关顶髻尊胜佛母的经典有多种汉译本和藏译本。汉地佛教主要所依《佛顶尊胜陀罗尼经》，藏传佛教主要根据《最胜佛顶陀罗尼经》，与本图像比较接近的见于扎巴坚赞译《圣顶髻尊胜佛母成就法》云："……尊胜佛母居佛塔内，身白色，

三面，每面三眼，八臂，宝饰严身，结金刚跏趺坐于杂色莲花座和日垫上。主面白色，右面黄色，左面蓝色……右侧四手分持交杵金刚、红色莲花上托之无量光佛和箭，作胜施印；左面四手分持弓，羂索、并作期克印，施无怖印，持宝瓶。顶严饰大日如来佛，上衣天缯服端严，种种饰物严身，放白色光。其右为世自在，左手持莲花，右手持拂尘；其左为金刚手，身青莲花色，左手持青莲花，其上托剑，右手持拂尘。其东南西北四方分别为不动明王、欲帝明王、蓝杖明王和大力明王，均身蓝色，一面二臂，额开第三目，展右姿，下身着虎皮裙，头发倒立，饰八龙，安居于杂色莲花和日垫之上。左手持羂索，并作期克印，右手分持剑、钩、杖和金刚杵。顶部为二净居天，持盛满甘露的宝瓶，正倾倒甘露。此为佛母（尊胜佛母）及其眷属之布局……"

顶髻尊胜佛母在西夏境内颇为流行，黑水城遗址出土的木版画顶髻尊胜佛母就有3幅（现藏于俄罗斯艾尔米塔什博物馆）（图47）；还见于印版画，西夏乾祐十四年（1193年）刻印的《顶尊胜相总持经》，卷首有雕版印画《顶尊胜相佛母》（图48）。再如贺兰县拜寺沟方塔出土的雕版画顶髻尊胜佛母残片，及贺兰山山嘴沟西夏石窟一幅残存顶髻尊胜佛母壁画，可考见的就有6幅之多[①]。有

图47 顶髻尊胜佛母（黑水城遗址出土木版画艾尔米塔什博物馆收藏）西夏

图48 顶髻尊胜佛母（黑水城遗址出土雕版画艾尔米塔什博物馆收藏）西夏

单尊的也有的多尊，主尊多在塔龛内。其中黑水城遗址出土的两幅木版画顶髻尊胜佛母坛城图，覆钵形佛塔内的顶髻尊胜佛母，右侧侍立白色身形的观世音菩萨，左侧侍立蓝色身形金刚手大势至菩萨。其上飘飞着两身持明童子。坛城四方守护着四方神：东方不动明王，南方咤枳明王，西方鹿王，北方大跋蓝（大力神）。坛城四隅及主尊莲座下方蹲着五尊菩萨，均右手持吐宝兽猫鼬布袋，左手则分持金瓶、白莲花、虎皮伞幢等物。坛城四隅菩萨的身相、持物颇与上述第2、7窟顶髻尊胜佛母两侧舒坐着四菩萨有相似之处，亦手持金瓶、白莲花、虎皮伞幢等物，唯后者并不手持吐宝兽猫鼬布袋。顶髻尊胜佛母壁

①谢继胜：《西夏藏传绘画黑水城出土西夏唐卡研究》彩图22、23、24、25。

画在敦煌莫高窟及其周围石窟并不多见，仅有瓜州东千佛洞这两幅。

三面八臂观音图。第5窟前室右壁三面八臂观音，与本窟左壁绿度母对应。三面八臂观音展立在覆钵形塔内。塔顶为日月刹，遮雨盘（承露盘）两侧垂着宽大的长幡带，相轮显得很细小且上下皆由宝珠承托，而束腰形相轮底座则很粗大。覆钵形塔身开白色圆拱形塔龛，龛内黄色衬底上垂白色帷幔饰巾。塔肩装饰着两棵椭圆状黑色枝叶的菩提树。塔龛两侧为显眼的平行色带组成的宽大外射光芒。

观音上身黄色，下肢则蜕变成白色，头戴五叶冠，顶结高筒状髻饰，两鬓宝缯束发，缯带贴着两鬓垂下又屈上而外展，黑色发辫下垂双肩。椭圆形绿色头光外缘晕染成白色，浅赭色身光。生有三面八臂，正面肤色与上肢肤色是一致的，为黄色。右面为纯白色，左面为绿色。由于头光是绿色，左面与其是同色，加上色变等原因，左面已不显面型，关键部位眼、鼻、嘴都看不清楚。身佩有金黄色耳环、项链、长璎珞、臂钏、手镯。腰系红色垂白色串珠的围裙。双脚站立在束腰座承托的白色莲花座上。八臂之中，当胸的两主臂，右手姆指和食指间握着一个很小的金刚杵，左手金刚索绕于指间；垂于腹际的两臂两手作手印；右侧两手拿箭和花枝；左侧两手拿弓和作手印。束腰座左侧有一小神灵的位置，其像已剥，仅存部分身光，按照对应的构图，束腰座右侧应有一小神灵座，已不显痕迹。座前中心画面多已斑驳，不显形象和色彩，唯见一白色的日轮或月轮，其侧为浅色的卷草纹，下部为左右对称的蜗牛状组成的褐红色旋涡状水波纹。

左右上角白色云朵中各映现着恭身向下俯视的二天人。右角前一天人双手捧盘奉物，侍者张伞盖。左角前一天人持物已残，侍者举幢。其形态与第2窟十一面观世音天人相同。此种

天人有捧盘、握净瓶、撒物等动作。后随侍者则举伞盖、幢、幡、旗之属。

四臂文殊菩萨图。文殊施智慧，主要是根据《圣妙吉祥真实名经》而来。东千佛洞共有文殊菩萨壁画两幅，位在第2窟前壁和第5窟右壁。

第2窟文殊菩萨（图版5）对应顶髻尊胜佛母。文殊菩萨身后为宫殿样式龛门。身肤红黄色，三面四臂，弓形眼睛，右面浅绿色，左面白色。头戴红白条带组成的叶面镶着红绿各色宝石的三叶冠，结着用红色丝带束着的高筒状发髻。面部微向左侧倾斜，上肢随着倾向左侧，由于结跏趺坐的宽厚，仍给人以稳定感。身严镶满宝石的金耳环、项圈、璎珞、臂钏、手镯，陪衬在红黄色身躯上显得特别亮丽。腰束红色腰带白黑相间的短裙，裙上绘制着细密的花纹。右上手举过头顶的智慧长剑，剑柄饰金刚杵，右下手胸前扣弦和左上手张弓射箭将要射出关键的智慧箭，左下手举胸前握蓝色经箧。结跏趺坐坐于束腰座承托的红绿相间的仰覆莲座上。莲座下垂着半圆形饰毯，两侧垂着衣带。双重白色头光和绿色身光，头光顶上饰一代表智慧的狮头，瞪着一双明亮的眼睛显很勇猛，龇牙咧嘴露出利齿，摄于文殊菩萨正上方。身后是波罗风格宫殿式龛门，两侧弯钩上挂着白丝巾，未见狮羊和象王。宫殿式佛龛后面为红黄色椭圆形背龛，外沿系平行的红、蓝、绿、黄、白五彩色道构成的具有中亚风格的外身射光焰。围绕着龛外侧飘浮着五色云朵。虚空界涂成一片红黄色。左右上角火光云朵中映现菩萨装天人，右天人捧盘献物，左天人倾净瓶向下滴流。佛座前一小方座承托的月轮上书写梵文种子词。绿色莲池上书写着数行元代回鹘文游人题记（图49）。

文殊左右身侧舒坐着4身菩萨，每侧两身，菩萨皆戴饰三叶宝冠，结高筒状发髻，黑色秀发垂肩，身严镶满宝石的金耳

图49　回鹘文游人题记

环、项圈、璎珞、臂钏、手镯。色相有所不同：左上绿色金刚萨埵菩萨，身绿色，双手举到头顶，翻开红色掌心共举黄色金刚杵；左下金刚持菩萨，白色肌肤显得特别莹润，神态俊雅，两眼俯视若有所思，右手于胸前拿金刚杵，左手于腿际握金刚铃；右上金色白莲花菩萨，菩萨身橘黄色，右手举胸前拿莲花，左手下垂按腰；右下菩萨身黄白色，双手举到头顶两侧，拈指作舞姿。

第5窟右壁文殊菩萨壁画（图版60），壁面已经剥落大半，存余的部分色线尚且鲜明，可以确定它是文殊菩萨，比第2窟文殊菩萨场面要小，省去许多装饰，仅仅突出文殊菩萨，身旁伴4眷属。

文殊菩萨身相白色，一面四臂，项圈、璎珞、臂钏、手镯严身，左肩斜披赭色络腋，起自左肩下垂止腹部系于腰身，形

似本窟左壁四臂观音所佩赭色鹿皮绶带，或者就是鹿皮绶带。主尊和它的4身眷属皆佩此绶带，主尊的绶带甚残，结合比较完整的眷属绶带来看，与本窟四臂观音所佩赭色鹿皮绶带相同。佛藉文献记载鹿皮绶带是观音菩萨和弥勒菩萨的装身具之一，在佛教造像和壁画中很常见[1]，而文殊菩萨佩鹿皮绶带缺少记载，也甚为鲜见。腰着点缀着花枝纹饰的红色短裙。腿部饰有卷草纹和几何纹的图案丝质贴身裤。四臂中右手虽已残去，从右臂上举的姿态，可以肯定举智慧剑；右下手胸前扣弦和左上手张弓射箭，左下手抚胸前拿经箧。结跏趺坐坐在束腰之上白色莲花座上。束腰座束腰之处绘日轮外射带状光芒，台座上绘卷草纹图案装饰。

文殊身侧舒坐着4身菩萨，身相均为白色，其装饰和主尊相同，结高筒状发髻，身严珍宝，左肩斜披赭色络腋。4身菩萨身形坐姿是一致的，从尚且完整的右侧两身来看，右上手举于头顶握智慧长剑，白色剑锋虽然已很模糊，但仍有痕迹，左手胸前仰掌作手印。左侧两身菩萨残剥严重，从臂姿上看右手所握仍然是掠过头顶的智慧长剑，左手胸前仰掌作手印。壁画底色为白色，通幅装饰团状卷草纹图案。

这两铺文殊菩萨，第2窟身相为橘红色，第5窟身相为白色，它们都是举智慧长剑，握经箧，双臂倾力张满弓箭，将要射出关键的智慧箭。身旁都有4菩萨，第2窟伴绿色金刚萨埵菩萨，白色金刚持菩萨，金色白莲花菩萨及黄白色舞姿菩萨等4菩萨。第5窟四眷属身相相同，皆举智慧长剑掠过头顶。第2窟以红色为主调，第5窟则以白色为基调。

同时期的文殊菩萨的壁画，还见于榆林窟第4窟文殊菩萨

①金申：《佛教美术上的仁兽》，刊《敦煌学辑刊》2007年第1期。

图50　西夏后期至元代的雕版印画　文殊菩萨

坛城图，主尊四面画四菩萨，四隅画四供养菩萨。而张弓射箭与东千佛洞同形的见于肃北五个庙第3窟，文殊菩萨身相亦为黄色，一面四臂，举智慧长剑，张弓射箭，拿经箧的姿态。这种形象还见于西夏后期至元代的雕版印画文殊菩萨（图50）。文殊菩萨举智慧长剑，张弓射箭，拿经箧的图像在河西盛行于西夏、元代。西夏的文殊菩萨像还见于黑水城出土的文殊师利菩萨残片（艾尔米塔什博物馆藏），这是一幅很大的唐卡残片。菩萨的身色为橘红色，一面两臂，右手作与愿印，未见张弓射箭的姿态。

十臂如意轮观音（持宝金刚）。十臂金刚菩萨图，位于第5窟左壁的金刚菩萨，它和右壁八塔变相对应。观音菩萨肤黄色，头戴五叶宝冠，结高髻顶上严宝。身佩白色和黑白相间的细串珠，相比起来璎珞显得宽大绕到腹下。深底小白花短裙，间有弧形纹饰的肤色袜子。一面十臂，上左右两手举过头顶捧光明山，中左右两手置于胸前，是否持宝珠，画残已看不清。下左右两手腹际捧圆轮，右出二手作手印和持莲花上出四出金刚杵，左出二手作手印和举金刚铃。结金刚跌坐，坐于方形折角束腰白莲花座上。

束腰台座正中跌坐着一身白色八臂金刚菩萨，上两手举过头顶翻掌，下两手于腹际作定印，跌坐在白莲花座上。束腰台座左右侧展立着身白色和绿色四臂金刚菩萨各一身，两金刚菩萨皆一手指向主尊。

束腰台座正下方一身绿色三面八臂六腿金刚菩萨，其冠顶之上又显一白色人面。八臂之中可见手举剑、持弯刀、举弓、箭等法器。六腿对应地作舒坐、依立、展立姿态。背衬熊熊燃烧的迦楼罗焰光。

主尊座下引出莲蔓分枝布满整个画面。枝端莲花上分坐着佛像、金刚菩萨、四臂金刚菩萨、六臂金刚菩萨、随众30余身。佛的身相为白色，菩萨身相则有白、黄、绿、赭诸色，相当数量的枝端莲花上是宝珠、法轮、宝瓶、宝塔、三叉戟等宝器。左右上角各展立绿色身相、怒发、十二臂六腿背衬烈火的金刚一身。其中右角一面十二臂金刚，冠顶之上又显一白色人面，十二臂手举长剑、弯钩等物，六腿作展立姿态。左角系三面十二臂四腿金刚，当胸右手持牌，余手拿杆、珠、弓、箭、轮、戟等，六腿同样作展立姿态。还有未开敷莲蓓莲叶交辉其间，画面相当饱满。

本幅主尊一面十臂，两手置于胸前，两手捧光明山、两手捧圆轮、两手持金刚杵、金刚铃。莲蔓分枝布满整个画面，枝端莲花上分坐着佛、菩萨像及法器。学者对其尊名有不同的定名，如意轮观音、十臂观音、文殊菩萨等，本文暂定为如意轮观音，密号持宝金刚。据佛籍载如意轮观音的形象有二臂、四臂、六臂、八臂、十臂、十二臂。手持如意宝以表满众生的祈求，持金轮以表转法轮，故名如意轮。但也有不持如意宝的，本尊此部分漫漶不清，虽难以确知是否持宝，但持宝与否都不影响本尊的确定。莲蔓分枝布满整个画面，枝端莲花上分坐着佛、菩萨像及法器，其与主尊的关系有待进一步识读。在构图方面与敦煌莫高窟第332等窟《一佛五十菩萨图》近似。从主尊的佛座下蔓生出莲茎，分枝上坐着许多菩萨①。两者主尊有别，东千佛洞是藏密图像，敦煌莫高窟系西方净土信仰。

持金刚菩萨图。第5窟后室右壁持金刚，身纯白色，一面二臂，头戴冠，结高髻，身佩饰有花钿的项圈、手镯、臂钏、白色串珠绕身，肩披一领红色络腋，红底白花短裙，白色基调形象素洁高雅。右手于胸前持金刚杵，左手于胸腹之际持物已残。结金刚跏趺坐于白莲花座上。

身侧坐着四菩萨，坐在白色仰覆莲花座上。四菩萨同样头戴冠饰白色桃形物，串珠绕身，肩披一领红色络腋。左上菩萨作舞姿，左下菩萨吹笛，右上菩萨打云板，右下菩萨弹曲颈琵琶。如果是内四供，则为嬉、鬘、歌、舞菩萨。密教经典对菩萨所持乐器虽有记载，如箜篌、曲颈琴、曲颈琵琶等，但实际上比较灵活。仅就本组乐舞菩萨而言，它们作舞姿，吹笛，打云板，弹琵琶，又与第7窟涅槃图中乐伎菩萨所持乐器完全相同，看来主尊菩萨身白色，右手于胸前持金刚杵，左手持物已残剥掉了，有可能是持金刚杵、或铃、或髅器，如果仍是金刚杵，可解读为大持金刚为是。西夏菩萨及伎乐人所持乐器似乎有规律可循。

宝藏神与忿怒金刚。第5窟前壁北侧下部一列三尊像，中为宝藏神，两侧为忿怒金刚。

宝藏神肤色黄白，头戴宝冠，作忿怒形，袒身天人装，右肩披一宽幅外饰兽纹的条帛，着耳珰、手镯、臂钏、项饰，下身着红色短裙。左手于腰际间握红色鼠头袋囊，身侧并一枝莲蒂。右手展于腿部，手指拿着小小的珍宝，右舒坐坐在束腰莲花座上。右脚踩在莲花上。在上述毗沙门天王八大夜叉坛城里，夜叉宝藏神是毗沙门天王的眷属之一，这里则处主尊位置。毗沙门天王的表现方式变化多样，往往也将手拿宝鼠和珍宝的宝藏神称为毗沙门天王。《护法尊大海传记》称：夜叉王

宝藏神，以金色右手持宝珠，以此可除却贫困之苦，敬礼住东方者。西夏宝藏神绘画，还见于宁夏宏佛塔天宫藏彩绘绢质毗宝藏神。宏佛塔宝藏神，身黄色，左手握兽头珠宝囊，右手掌心托摩尼珠。身侧引出两茎莲花，背衬光芒式不背光②。位于宝藏神左侧的忿怒金刚，身相为白色，面作三目忿怒相，怒发竖立，着耳珰、手镯、臂钏、项饰，胸挂人头璎珞，腰间着虎皮短裙，全身以龙蛇绕身，缠于胸腹、手臂及腿部。右手上举拿曲刀，左手胸前捧金刚轮。两腿展立，站在莲花座上。背衬熊熊燃烧着的黑底红色迦楼罗焰光。

右侧的忿怒金刚身形与左侧相同，三目忿怒相，身像为白色，焰髻结成球形，佩五骷髅头冠，腰间虎皮短裙，颈挂人头璎珞，龙蛇缠身，右手上举握曲刀金刚索绕于指间，左手胸前捧骷髅碗，双腿展立，足下踩三角人头饰莲座上，中间仰卧人尸。背衬红色黑底迦楼罗焰光。深色身光衬托出白色的身相。

本图与藏籍记载的白护法极近似。据载，白护法"呈怒相，额头皱起，牙齿龇露，头发从根竖起，白护法生有四手，主右手持盛有能满足人们智慧和生命的水晶容器，左手置于胸前，持盛满乱伦甘露的头盖碗。第二只右手持嵌金刚的砍刀，随时准备出击，将阎罗和魔砍成碎片，左手挥舞三叉戟。白护法的佩饰有平常的五颗人头花环，五骷髅头骨冠等等"。上文记述的白护法是四臂，壁画是二臂，其共同标志是一把砍刀和一只装满血的人头骨碗（嘎巴拉碗），身相白色③。

①王惠民：《一佛五十菩萨图源流考》，刊兰州大学敦煌学研究所、麦积山石窟艺术研究所编《麦积山石窟艺术文化论文集》上，兰州大学出版社，2004年。

②《宁夏佛塔》，文物出版社，1995年，图四一。

③[奥地利]勒内·德·内贝斯基·沃杰科维茨著，谢继胜译：《西藏的神灵和鬼怪》，第75页，西藏人民出版社，1993年。

忿怒金刚图。第6、7窟各两身忿怒金刚，均位于窟内前壁两侧，取代了石窟中原有力士和天王的位置，成为窟内的守护神。这个变化是由于密教图像的大增而形成的，替换成了密教的守护神。

第7窟前室左侧的忿怒金刚（图版66），身蓝色，上旋的焰发结成两团大高髻竖立在头顶，顶戴骷髅冠。一面三目，两臂，圆形白色三目与蓝色面孔形成鲜明对比，龇牙咧嘴。右手上举结期克印握金刚杵，左手于胸际拿金刚索。腰挎短小的虎皮裙，身严蛇形璎珞，两腿展立，足下横卧象鼻天，其下则是莲花座，背光为燃烧着的迦楼罗焰光。

右侧的忿怒金刚，身青蓝色，焰发上旋，顶戴骷髅冠。一面三目，右手上举横握金刚剑，左手胸前结期克印拿金刚索。着虎皮裙，身严蛇形璎珞，两腿展立，足下踩象鼻天，其下则是莲花座，以迦楼罗焰光为背光。

第6窟是个元代洞窟，前壁的两身忿怒金刚（图版58）的身姿、装饰、持物与第7窟完相同，同样是顶戴骷髅冠，面具三目，身严蛇形璎珞，着虎皮裙，两腿展立，足下踩象鼻天，站在莲花座上，背光为燃烧着的迦楼罗焰火。左侧忿怒金刚右手上举结期克印握金刚杵，左手于胸际拿金刚索。右侧忿怒金刚右手举金刚剑，左手于胸前绕金刚索。细部作法微有不同，焰发梳理成三叶瓣形竖立于头顶。没有第7窟色彩那么鲜明亮丽，由于壁画残损严重，加之褪色等原因，色泽已相当灰暗。

供养天金刚马宝图。第2窟及前壁绕窟脚一周画供养天，供养天是亲近、奉事、尊敬佛法的天人。这些供养天由于被佛台遮挡，现在只能看到一部分，一部分被遮挡在后面不能尽览。按其位置推算起来，左右壁各画供养天十二身，前壁供养天八身，总计供养天32身，现在看到的部分不及一半。他们的体姿均作舞姿，头戴宝冠，袒身，着短裙，身佩耳饰、项饰、臂饰、璎珞，都身披一领飘飞的飘带，双腿舞立，身后都有头光。身色各异，有赭红、蓝、绿、白诸色。手中拿着乐器，可见鼓、角、托果盘、灯明、香炉等。在显密经典中，有关供养的事说得很多，其中有十六供养天女，八供养天女等等，一般都形容他姿色迷人，擅长歌舞，这里是32身，应该是它们的倍数。

每壁供养天前端各有一身金刚，后端则分别是马宝和上师。金刚焰发结成圆球状，戴宝冠，左手拿金刚杵，右手握金刚索，佩耳饰、钏镯、臂饰，着虎皮裙，双腿展立。右壁后端的马宝，深棕色宝马驮着红色珍宝在徐徐前行，下垂华丽的饰物。身侧站着一员身穿铠甲足登战靴手拿金刚杖的武士护行，身后背衬一团红色的火光。佛典中常记载在理想国（转轮圣王）出现时，会有七宝自然出现，以辅助该王教化百姓，行菩萨道。此七宝即：轮宝、象宝、马宝、珠宝、玉女宝、主藏宝、典兵宝等。马宝指绀青色有象力之骏马，能飞行，与象宝同为转轮之乘骑。

上师图。西夏佛教崇拜上师，在壁画中上师都有一定的地位，东千佛洞第2、4、5窟都有上师图像的出现。

第2窟左壁后端上师坐在白色帐帷之内（图版14），头戴通天冠，通常所称的三山冠，左侧八分面，身穿袈裟白色交领内衣，右手安慰印，左手定印，双腿盘起席地坐在绿色红边的地毯上。顶上悬着一顶青色的华盖，下垂二领绿色的带子。面前放置着长条形案几，上面放着宝瓶、串珠等物。坐在白色帐帷之内，左侧垂帐很清楚，右侧未现。第2窟的这幅上师像图幅较小，而且位在前室左壁下层伎乐天的一侧，其衣冠表明它是具有相当身世的一位上师，是本窟唯一的一幅上师图。

第4窟是一个安置上师形象的中心柱窟，上师图像（图版35）位于前室正壁塔龛内，处于本窟主尊的地位。塔龛为高浮雕覆钵式塔形，塔顶刹柱相轮部分已经毁去，唯留遗址于壁上，可以看出相轮是相当粗壮，塔肩平直。覆钵式塔身开三裂拱形深龛，彩画龛楣，龛外有两匝棱起外壳，下面是多层折角基座。塔龛外两侧对称地画着外立的狮羊和站立着的象王，上有建筑横木装饰，依然是波罗龛形的遗制。

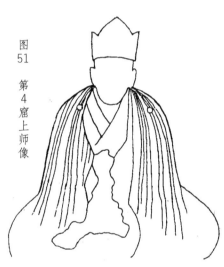

图51 第4窟上师像

位于龛内的上师，头戴通天冠，帽冠中间和两侧高起，比起第2窟上师帽冠要平缓，身着红色袒右肩袈裟，外披灰色条幅的袈裟单，从肩部覆盖到腿部，袈裟之内着白色交领内衣。身后有白色头光和绿色身光（图51）。龛顶装饰着团花纹图案。龛内左右壁画已剥蚀不清，从残迹看为垂帐纹下立着几身供养人，仅残存左外侧一身女供养人，头戴高耸的桃形冠，脑后佩长花钗，身着长袍，面部被垂帐纹遮盖。

与中心柱正壁塔龛相对应的中心柱背面凿有一不规则的圆洞，原来洞口是封闭的，可能是安葬上师骨灰及遗物之处，今洞口敞开，已没有任何东西了。

第5窟前室窟顶坛城图前披残存二上师（图版36）。左边这位上师坐在拱形垂帐深龛里，龛底深红色显得幽深，顶上悬华盖。上师衬以白色项光，头戴通天冠，可喜的是冠形结构相当清楚，帽冠中间桃形尖顶，两侧竖起。身穿半臂半披肩袈裟，袒右胸和左右臂袒，右手握金刚铃，左手持金刚杵，下着裙，坐在束腰方座上。右侧并坐着一位上师，龛形及身上的佩

戴一如左上师，不过它头戴圆形掩耳帽，似有所思，酷似一位老年僧人，双手持物已失。二上师的左边壁面已残，尚且残存龛形痕迹，完整的时候可能仍然是一位上师。

供养人图。供养人是开窟的功德主，应该说每窟都有供养人，现在唯第2、4、5窟不同程度的残存一批供养人。

第2窟门道两壁绘男女供养人各6身（图版13），在排列顺序上均作一字形排列，八分面向窟内侧立，均第一身身材最高，以后数身递次降低，以显示职位等级高低不同，存在着尊卑差别。本窟的供养人画像学者已专题作过探讨[①]。

南壁6身男供养人中可以看清形象的有前4身，后二身已漫漶不清（图52）。他们均头戴尖圆形金镂冠，形状与榆林窟第2窟西夏武官冠戴相同（图53），身穿圆领窄袖紫旋襕，腰间佩腰袱。腰袱是西夏武官常见的服饰，壁画虽是褪色极度模糊不清，但腰袱上并列着横二竖三的墨色圆点纹饰并未消褪，据此可以看清腰袱形状。这个关键部位的定位对认识所着服饰有

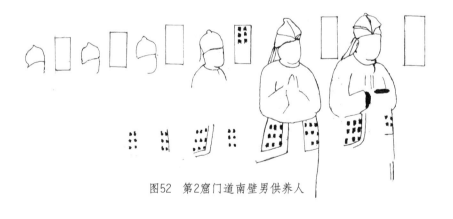

图52 第2窟门道南壁男供养人

①张先堂：《瓜州东千佛洞第2窟供养人身份新谈》，刊《敦煌学辑刊》2006年第4期。

图53 榆林窟第2窟 西夏武官冠戴

着重要作用。排在首位第一身供养人手捧物，前面没有僧人导引。本壁供养人上面涂有出于晚近的白色线描4身僧人像，对原绘西夏供养人壁画有一定的损伤。

北壁6身女供养人，均头戴高耸的桃形金冠，冠后佩长花钗，鬓边垂冠缨，身着交领右衽窄袖长袍（图54）。

男女供养人身前界栏均有西夏文题名，可惜多漫漶不易识读，唯左壁6男供养人中第三身题名两行每行7字共14字可辩识6字，译文为"行愿者□□□□/边检校□□□□/"①。右壁6女供养人中的一身微现西夏文字迹，已不好识读。左壁第三身男供养人题名首行"行愿者"也就是发愿造窟的功德主，是佛教的常用语。第二行"边检校"是西夏武官官名，主要职责就是防守敌寇、盗贼入侵，保护边疆安全，属西夏中级武官。瓜、沙二州属于西夏西部边陲，故设边检校之职。综观本壁6身男供养人壁画，身材有着由高到低的等级变化，第三身

供养人的官职是中级武官边检校，至尊的列于首位第一身供养人显然要高于此官职，可惜题名已漫漶不清，官职不明。供养人身份表明该窟是西夏社会地位较高的地方中上级武官所作的功德窟。

第2窟门道两侧男女供养人，他们的形象与推定为西夏乾佑二十四年（1193年）造就的榆林窟第29窟供养人画像极为相似。

榆林窟第29窟男供养人中职务最高的题名是"沙州监军摄受赵麻玉"，摄受是代理兼任之意。次则题名是"□内宿御史司正统军使趣赵"（可能应译为"□内宿御史司正统军刺史"），以下为军士、监军，为西夏官衔不等的武官、军士。他们的衣冠服饰比较清晰，男像头戴尖圆形金镂冠，身穿圆领窄袖紫旋襕，腰间佩腰袱。职位低者没有腰袱。腰束长带垂于腹前，脚登乌靴。女像头戴高耸的四瓣桃形金冠，冠带垂鬓，冠后插花钗，身着交领右衽窄袖开衩长袍，弓履，双手合十，鲜花供养。东千佛洞和榆林窟是沙州境内相邻的石窟，供养人画像有着相同的时代风范。

第5窟前壁及左右壁窟脚一周皆站立着西夏供养人（图版56），每壁数量在30多身，全窟加起来有60多身，每身身高30厘米左右，由于处于窟脚极易损伤的位置，绝大多数已残剥严重，存者已模糊不清，完整者甚微，仅有二三身。综合这些残躯破肢仍可以看清其基本情况。更可贵者，每身供养人身前的长方形红色界栏中都有墨书西夏文题记，红色界栏仍很鲜明，墨书西夏文题记墨色字迹消退不清，识读起来很困难。

北壁窟脚的男供养人中，位于北壁中心部位的一位主要供

图54　第2窟门道北壁女供养人

①题名中今译为"边检校"三字，曾译为"各检校"，本文从今译。

养人，坐在高榻之上，身着白色广袖外衣，头部已残，冠戴不明。身前红色界栏墨书西夏文题记，译成汉文为"行愿宫主刻判造者智远师"[1]，榜题表明他是营建石窟工匠中的一位尊师，形象并不是很突出，但位在中心至尊地位。如果以此尊为中心加以描述，身前站立4身供养人，第1身形体尚且清楚，身穿圆领窄袖袍服，腰间束带，长带由腰间垂于膝下（图55）。身后

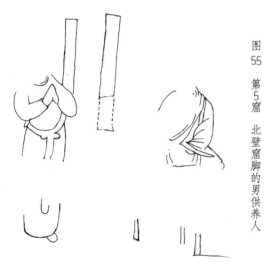

图55 第5窟 北壁窟脚的男供养人

站立6身供养人，身形俱已模糊，每身供养人面前红色界栏内都有榜题，仍有5身界栏内显西夏文字迹，墨色减退不易释读。

南壁窟脚要比北壁残损更为严重，女供养人绝大部分剥落无存。仅位于南壁右角的2身女供养人尚且可以看清其形象，从残迹看，头戴高耸的桃形冠，身着交领右衽窄袖长袍，手拿花枝，身前红色界栏内都有西夏文题名，其1为"行愿施主瑞女"与榆林窟第29窟女供养人形同。

①上世纪80年代末陈炳应先生初译为"行愿宫主刻判造者智远师"。孙寿龄先生再译为"行愿施主雕制匠者□□学"，"雕"字也可译作"刻"字，"匠"字也可译作"作"字，"者"字也可译作"人"字。史金波先生今译为"行愿寺监雕凿匠者……师……"。文字对译："愿行宫主雕判匠者……师……"；"宫"这里可释为"寺"，"判"字疑为另一义"凿"字的误写，两字同音，偏旁相同。张先堂《瓜州东千佛洞第5窟西夏供养人初探》，《敦煌学辑刊》2011年第4期。

瓜州东千佛洞石窟内容总录

第1窟

修建时代：元。

位置：西崖北端下层。

洞窟形制：平面椭圆形，穹窿顶，小窟。窟高2.00米，窟深1.80米，窟宽1.50米（图1）。

塑像：窟中心低佛坛上塑一高僧像，剃发，无肉髻，额部隆起。侧立二弟子。系纪念某一上师的影窟。

壁画：顶中绘以莲花纹为中心的华盖，边周布满菱形几何网络纹，卷草莲花纹宽边饰，下有垂帐纹并饰云朵。窟壁原有壁画，今多已剥落。

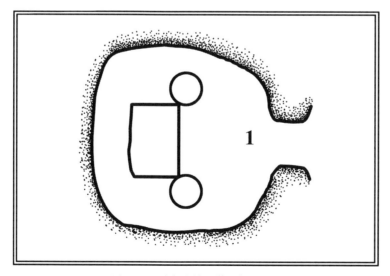

图1 瓜州东千佛洞第1窟平剖面

第2窟

修建时代：西夏（清重修塑像）。

位置：西崖中部下层。

洞窟形制：甬道式中心柱窟加外绕循环道，窟室内分前后室，平面纵长方形，窟高5.87米，窟深9.00米，窟宽6.40米，前室覆斗顶，后室甬道式中心柱，门道顶为盝形。绕窟室凿以高2.20米、宽1.90米的外循环甬道（图2）。

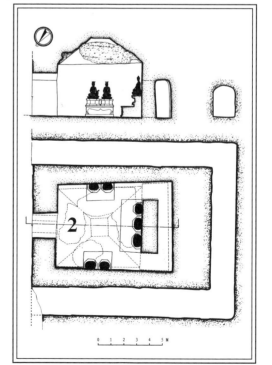

图2 瓜州东千佛洞第2窟平剖面

73

塑像：正壁佛台上清塑三坐佛，左右壁佛台上清塑各二菩萨。

壁画：门道右壁男供养人6身，左壁女供养人6身。门道顶部莲花龙凤图案。

前室窟顶：窟顶中心方形藻井内五方佛四菩萨金刚界坛城图，四披为说法会。

正壁（中心柱正面）：分左右二栏作画，八坐佛二铺，每铺竖四横二。上方两侧各绘布袋和尚。

前室右壁：分左右二栏作画，十一面八臂观音外围观音救八难，释迦降魔相。底部一列供养天12身，两端金刚、白马驮宝。

前室左壁：分左右二栏作画，绿度母外围度母救八难，释迦说法相。底部一列供养天12身，两端金刚、上师各一。

前室前壁：右侧四臂文殊菩萨，左侧顶髻尊胜佛母。底部画一列供养天8身。

后室后甬道：正壁（西壁）画大型说法图，两侧各画药师佛。背面向（东壁）画大型涅槃图，涅槃图和说法图是后甬道内相对应的主要壁画。

后室南甬道（右甬道）：南壁画落迦山观音（水月观音），中画唐僧取经，北壁画依立于娑罗树下的菩萨。

后室北甬道（左甬道）：北壁画落迦山观音（水月观音），中画唐僧取经，南壁画依立于娑罗树下的菩萨。

后室甬道顶：饰卷草莲花图案，圆心为坐佛。

题记：

前壁右侧文殊菩萨下方墨书回鹘文题记一方，13行，经专家鉴定，字体属元代，内容除首行"羊年正月"4字外，余皆不易释读。

窟门道右壁墨书及刻画题记：

道光四年六月十九日黑水桥众弟子十人聂登基、赵联甲、聂登魁、孟慧仁、聂登先、汤永隆、吴义、聂兆文、扬多学、吴成焚香。

道光七年众弟子正月初七日南地朱景荣焚香。

大清国道光八年開井引路黑水桥子姓士弟子五人……

窟门道右壁第一身西夏男供养人题名界栏中，用钝物刻画题名一则"明治四十四年九月二十七日大日本京都吉川小一郎"。

窟门道左壁墨书题记：

……进……头不思引善……故人……富而好礼财能久彭……三十……富贵百年□难保论□道六……戊子年申□月丙午日（按，戊子即道光八年）。

第3窟

修建时代：元（清重修塑像）。

位置：西崖南端上层。

洞窟形制：具前后室的长方形窟，窟高2.50米，窟深5.00米（包括前室、甬道、后室），窟宽2.90米。前室方形，为土木建筑，土坯筑墙，顶部已毁。后室方形，穹窿顶，正壁（西壁）开浅龛。前后室之间为卷形甬道（图3）。

造像：后室正壁（西壁）龛内经清代重修宝冠立佛，头戴宝冠，着袒右肩袈裟，右手胸前握衣襟，左手下垂。龛外侍立二菩萨（右菩萨失）。

壁画：前室左右壁近代所画二天王、二力士（左右壁各一天王、一力士）。

第4窟

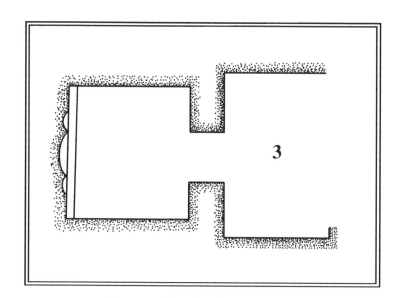

图3　瓜州东千佛洞第3窟平剖面

修建时代：西夏。

位置：西崖中部上层。

洞窟形制：前后室甬道式中心柱窟。平面纵长方形，窟高3.00米，窟深7.00米，窟宽4.00米。前室穹窿顶，前壁及左壁前半部已毁。正壁覆钵形塔龛，中心柱背面辟小圆室（图4）。

造像：无造像。

壁画：窟顶壁画大部残去，残存里侧两角孔雀衔花图案。

正壁（中心柱正面）：浮雕覆钵形塔龛，塔顶已毁，塔龛两侧各画兽王及象王。龛内正壁画西夏上师像，龛内左右壁画男女供养人像，皆已剥蚀风化掉了，唯左壁一女供养人像尚存残迹。正壁上部壁画已不清楚，两侧似为金刚之类。

右壁：文殊变，十一面观音外围观音救八难，里侧上方一立佛，下方立一波罗式菩萨，并有西夏文题名，已很不清楚。

左壁：墙体已毁。

前壁：墙体已毁。

后甬道正壁（西壁）：壁画已剥落。后甬道背面向（东壁）中辟小圆室，似为放置骨灰或储供物之处。壁面壁画剥落。

南甬道南壁：坐佛上下两排一铺4身。

南甬道北壁：主尊菩萨两侧各三方眷属，上方一字形排列

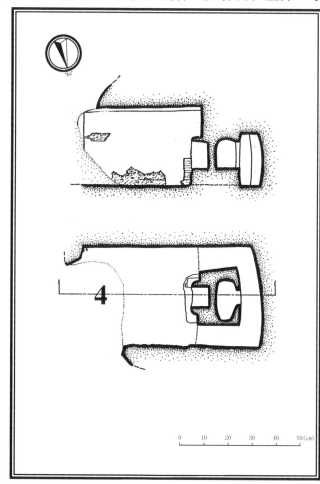

图4　瓜州东千佛洞第4窟平剖面

五方金刚。

北甬道北壁：坐佛上下两排一铺6身。

北甬道南壁：主尊菩萨两侧各三方眷属，上方一字形排列五方金刚。

后室甬道顶披：立佛数身。

第4窟左邻窟

修建时代：西夏。

位置：西崖中部上层，第4窟之北。

洞窟形制：甬道式中心柱窟，大半坍塌，仅存左侧后半部。窟高2.50米，窟宽3.80米，左壁残深2.80米。所存中心柱残角宽1.40米，残深1.60米，甬道宽0.90米。为近年来清理出来的洞窟。窟形与第4窟近似，略小（图5）。

塑像：不存。

壁画：不存。

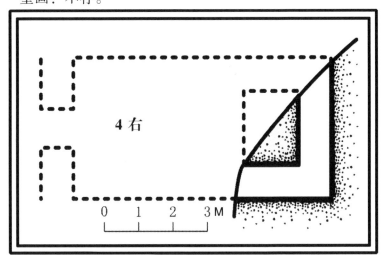

图5　瓜州东千佛洞第4窟左邻窟平剖面

第5窟

修建时代：西夏。

位置：西崖中段上层。

洞窟形制：前后室甬道式中心柱窟，平面纵长方形，窟高3.00米，窟深9.00米，窟宽6.00米。前室穹窿顶，正壁开长方形落地大龛，其前筑与中心柱等宽的方形低台基。前壁右侧已毁（图6）。

造像：前室正壁开长方形落地龛，龛内造像不存。

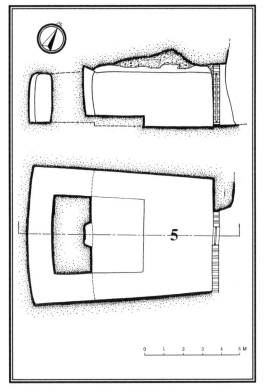

图6　瓜州东千佛洞第5窟平剖面

壁画：窟顶坛城图，大半残去。

正壁（中心柱正面）：佛龛两侧各分十格画佛教故事，已漫漶不清，内容待考。

右壁：分三栏作画，文殊变，三面八臂立观音，十臂如意轮观音。窟脚画十王变及供养人列像。

左壁：分三栏作画，普贤变，绿度母，八塔变相。窟脚画十王变及供养人列像。

前壁：前壁右半部墙体已毁，壁画不存。前壁左侧分上下栏作画，上栏为一佛五观音一铺，五方佛坛城一铺，塔龛内观音一铺。下栏为宝藏神及二忿怒金刚。窟脚为供养人列像。

后室后甬道：正壁（西壁）分三栏作画，正中千佛上下4排40余身。左侧犍陀逻国分身瑞像，右侧绘观音一铺，大半残去。后甬道背面向（东壁）画大型涅槃图。千佛图和涅槃图是后甬道相对应的两幅壁画。

后室南甬道（右甬道）：南壁金刚持菩萨，文殊菩萨。北壁毗沙门天王八大夜叉坛城。

后室北甬道（左甬道）：北壁四臂观音，落迦山观音（水月观音）中画唐僧取经。南壁金刚界坛城。

后室甬道顶：饰单枝牡丹连续图案。

第6窟

修建时代：元（清重修塑像）。

位置：东崖北端上层。

洞窟形制：方形平顶小窟，穹窿顶，窟高2.20米，窟深3.40米，窟宽3.20米，正壁筑佛台。长卷形门道，高1.80米，长2.40米，宽1.00米（图7）。

造像：正壁佛台上清塑一佛四菩萨。

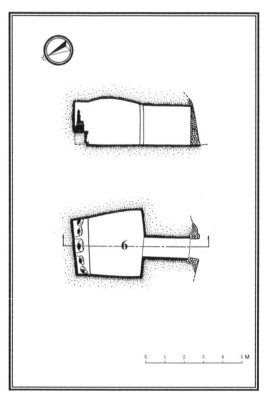

图7　瓜州东千佛洞第6窟平剖面

壁画：前壁，即门壁左右侧各画忿怒金刚。

右壁：文殊变。

左壁：普贤变。

窟顶：坛城图。

第7窟

修建时代：西夏（清重修塑像）。

位置：东崖中段上层。

洞窟形制：前后室甬道中心柱窟，平面纵长方形，窟高

3.60米，窟深7.80米，窟宽4.50米。前室穹窿顶，残破严重。正壁开一大龛，前置与龛等宽的供桌。窟前原有佛殿遗址，今已毁，墙垣及立柱尚存。殿宽7.06米，深8.48米（图8）。

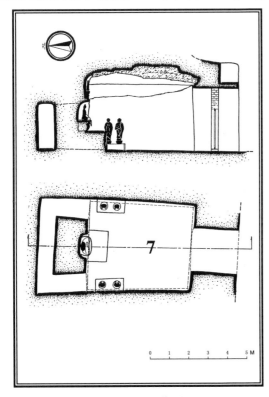

图8　瓜州东千佛洞第7窟平剖面

造像：前室正壁大龛经清重修，浮雕三裂拱式龛形，边饰宽带联珠纹和莲花纹，背衬波罗式宫殿，内塑一坐佛已毁，唯存束腰座及下垂的衣裙。龛额上小龛内清塑一坐佛犹存。前室左右壁后部佛台上站立清代所塑的四大弟子（左右各二）。

壁画：门道尚存，壁画已经没有了。按第2窟的形制，这里是画供养人的地方。

前室窟顶：顶部已残，壁画无存。

正壁：经清代重修的佛龛，左右上角壁间西夏原作壁画飞天各一。左右甬道顶上各画小坐佛2身犹存。

右壁：分栏作壁画三方，阿弥陀接引佛，西方净土变，释迦降魔相。上部画小千佛一列。

左壁：分栏作壁画三方，阿弥陀接引佛，东方药师变，释迦初转法轮（释迦说法相）。按右壁的布局，上部有一列小千佛，已残失。

前壁：门左右侧各画忿怒金刚。

后室后甬道：后室正壁（东壁）正中画大日如来说法图，两侧各一方菩萨（八大菩萨之部分）。背面向（中心柱背面西壁）大型涅槃图。大日如来说法图和涅槃图是后甬道内相对应的两幅壁画。

后室甬道（右甬道）：南壁菩萨三方（八大菩萨之部分）。西壁十一面八臂观音。

后室甬道（左甬道）：北壁菩萨三方（八大菩萨之部分）。东壁顶髻尊胜佛母。

后室甬道顶：饰忍冬莲花图案，圆心双凤。

题记：

右甬道右壁墨书题记二：

道光六年六月十六日，黑水桥住持孟慧仁讽诵皇经一部。

道光六年吴仕信。

第7窟右邻窟

修建时代：西夏。

位置：东崖中段上层。紧临第7窟，在第7窟之北。

洞窟形制：佛殿窟加外绕循环道，窟室方形，窟宽5.40米，窟深6.40米，前方开门，门道长1.90米。外凿环绕窟的外甬道，左右甬道残长11.08米，后甬道长9.84米，甬道宽1.42米，高2.40米。甬道里角各凿约4平方米的小方室，小方室门楣为尖拱卷草纹，两侧立蜀柱。该窟是近年清理出来的洞窟，窟址选在石质疏散的砾岩上，相当一部分窟壁用土坯筑成，窟顶坍塌造成全窟俱毁。清理出来以后窟的结构是清楚的，没有清理出来造像和壁画（图9）。

　　造像：无存。

　　壁画：无存。

修建时代：清。

位置：东崖南端上层。

洞窟形制：由主窟和左右耳室组成。主窟平面方形，覆斗顶。左右耳室平面亦为方形，约小于主室，人字披顶。主窟和左右耳室之间有甬道相连。主窟和左右耳室正壁均开三龛造像，前有高佛台（图10）。

造像：窟内造像毁于文化大革命中，从残迹观察，是佛道混杂，既有佛教造像，也有道教造像。主要造像有三铺：主窟正壁三龛造像，左龛为着僧衣跌坐佛像，中龛和右龛造像已毁，推断可能为儒、释、道三尊像或三佛像。右耳室正壁三龛，中龛尊像骑虎，左右龛尊像失。左耳室正壁三龛，尊像均上身残断，或为道教尊像。

壁画：各壁所画皆为人物山水，如松竹梅岁寒三友图、一老人与二童子游山图、童子戏鹿图、蝙蝠花卉图、仙女麒麟图、冬月腊梅图、牡丹图、荷花图等带有文人笔意的绘画，时代晚近。无佛教壁画。

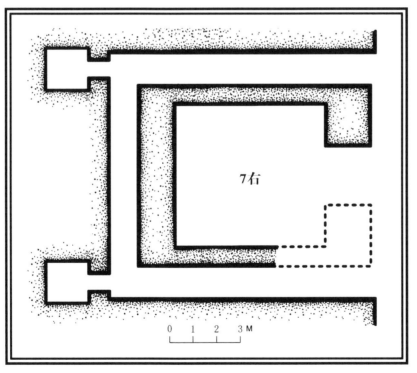

图9　瓜州东千佛洞第7窟右邻窟平剖面

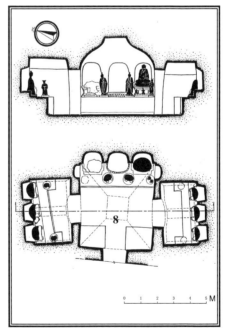

图10　瓜州东千佛洞第8窟平剖面

第8窟（老君洞）

图 版 目 录

附录　旱峡石窟

外景

瓜州東千佛洞 西夏石窟藝術

◆ 茫茫戈壁滩上标识东千佛洞方位的烽燧，正南方就是东千佛洞。

◆ 瓜州东千佛洞外景图

◆ 瓜州东千佛洞外景图(西崖)

◆ 瓜州东千佛洞外景图(东崖)

◆瓜州东千佛洞佛塔，位于西崖山巅。

藝术

第2窟

西夏石窟

瓜州東千佛洞

第2窟　外景图

　　第2窟位于西崖下部，具外甬道的中心柱窟。窟前有砾石堆砌的平台。

图版1　前室前壁　西夏

　　前室均为藏密图像。主要有四臂文殊菩萨和顶髻尊胜佛母两幅图，其上是千佛一列，其下是伎乐天一列。

图版2　前室右壁　西夏

　　前室藏密图像。右壁由十一面八臂观音救八难图和释迦降魔相两幅图构成，底部是伎乐天一列，金刚、宝马各一罗列在两端。壁画前面是清代加筑长方形高佛台，清塑菩萨2身，菩萨为六面形束腰座。

图版3 前室左壁 西夏

　　左壁由救八难绿度母和释迦说法相两幅图构成，底部与右壁一致是伎乐天一列，金刚、上师各一列在两端。

图版4 前室正壁及右壁部分 西夏

　　正壁两方八座佛。上方左右两侧是布袋和尚。壁画前面是清代加筑长方形高佛台，正壁是清塑坐佛
3身，佛均为六面形束腰座。佛塑像高大，挡住了后面的壁画内容。

图版5　四臂文殊菩萨　西夏

　　文殊菩萨身后为宫殿样式龛门。身肤红黄色，三面四臂，弓形眼睛，右面浅绿色，左面白色。头戴红白条带组成的叶面镶着红绿各色宝石的三叶冠，结着用红色丝带束着的高筒状发髻。面部微向左侧倾斜，上肢随着倾向左侧，由于结跏趺坐的宽厚，仍给人以稳定感。身上镶满宝石的金耳环、项圈、璎珞、臂钏、手镯，陪衬在红黄色身躯上显得特别亮丽。腰束红色腰带、白黑相间的短裙，裙上绘制着细密的花纹。右上手举掠过头顶的智慧长剑，剑柄饰金刚杵，右下手胸前扣弦和左上手张弓扣弦射箭，左下手举胸前握蓝色经箧。结跏趺坐坐于束腰座承托的红绿相间的仰覆莲座上。莲座下垂着半圆形饰毯，两侧垂着衣带。双重白色头光和绿色身光，头光顶上饰一代表智慧的狮头，瞪着一双明亮的眼睛，显得很勇猛，龇牙咧嘴露出利齿，摄于文殊菩萨正上方。

图版5（2-1） 四臂文殊菩萨·菩萨

文殊左右身侧舒坐着4身菩萨，每侧两身，菩萨皆戴三叶宝冠，结高筒状发髻，黑色秀发垂肩，身上镶满宝石的金耳环、项圈、璎珞、臂钏、手镯，色相有所不同。图中所示菩萨位于四臂文殊菩萨图像左上方。金刚萨埵菩萨，身绿色，双手举到头顶，翻开红色掌心共举黄色金刚杵。

图版5（2-2） 四臂文殊菩萨·菩萨

文殊左右身侧舒坐着4身菩萨，每侧两身，菩萨皆戴三叶宝冠，结高筒状发髻，黑色秀发垂肩，身上镶满宝石的金耳环、项圈、璎珞、臂钏、手镯，色相有所不同。图中所示菩萨位于四臂文殊菩萨图像左下方。金刚持菩萨，白色肌肤显得特别莹润，神态俊雅，两眼俯视若有所思，右手于胸前拿金刚杵，左手于腿际握金刚铃。

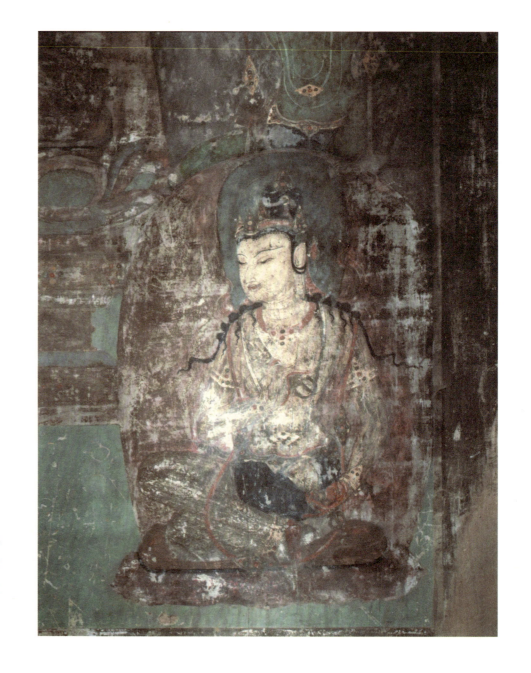

图版6 顶髻尊胜佛母 西夏

　　顶髻尊胜佛母意为具有顶髻的尊胜女，是位救苦救难的菩萨。她是以佛陀的肉髻神格化所产生的女性神祇，并且是大日如来的化身。顶髻尊胜佛母位于前壁左侧，端坐在覆钵形佛塔内。图中所示为顶髻尊胜佛母全景图。

图版6（2-1）
顶髻尊胜佛母身像

    顶髻尊胜佛母，身肤白色，生有三面八臂，正面为白色半寂半忿相，左面蓝色为忿怒相，右面黄色呈慈悲相，各面具三只慧眼。头戴镶嵌红绿诸色宝石的三叶冠。黑色秀发梳理成高筒状髻饰，顶上垂着诸色宝石组成的花钿。身佩金黄色耳环、项链、璎珞、臂钏、手镯和脚镯，腰围短裙。右侧立着观世音菩萨，左侧立着忿怒金刚手普贤菩萨。

图版6（2-2） 顶髻尊胜佛母·菩萨

顶髻尊胜佛母，右胁立着观世音菩萨，右手拿佛尘，左手持浅红色敷开的莲花。身后舒坐的两菩萨，上菩萨举红色伞盖，下菩萨双手胸前合十。

图版7
救八难十一面观音　西夏

　　位于前室右壁，十一面观世音坐在圆拱形背龛内，青色身光、椭圆形多裂弧形的头光，龛外为弧形光芒状七色道构成的具有中亚风格的外射光焰。上方五方佛，两侧为观音救八难。

图版7(4-1) 十一面观音身像

　　观音冠戴佩有金黄色耳环、项链、长璎珞、臂钏、手镯和脚镯。两只主臂置于胸前，二手合掌，按照仪轨手指间持如意宝，已看不清楚。右侧其余三手依次持佛珠、施愿印、持法轮。左侧三手执金莲花枝、握宝瓶、执弓箭。腰系镶红绿各色宝石腰带的黑色围裙。观音莲花月轮座上结金刚跏趺坐，在座前饰蓝边白底饰毯，坐于多层石筑就的十字折角高台佛座上。座下的莲池中一池碧水，中心粗壮的莲茎两侧数朵支茎枝叶作回旋状的攀绕，深褐色底色上衬托着鲜嫩的白枝和绿叶，中心敷开着浅红色莲花。

图版7(4-2)
十一面观音·菩萨

　　十一面观音左右立着的8身菩萨。图示为右侧四菩萨。

图版7（4-3） 十一面观音·菩萨

　　十一面观音两侧侍立着8身菩萨，左右各立4身。图中所示为十一面观音右下第一身菩萨。双脚并拢投向佛而不是分立，是西夏图像学一大特点，为黑水城出土的西夏绘画艺术品菩萨通用的模式，这里亦见之于东千佛洞。

图版7（4-4）
十一面观音·蛇难 象难

　　救八难十一面观音图中蛇难、象难。上角显示某种灾难袭来的图形，下方为乞求者。蛇难，观音面前站一人双手合十拜观音，上方一条蛇在动荡；象难，观音面前站一人双手合十拜观音，上方一象袭击下来。

图版8 救八难绿度母 西夏

　　救八难绿度母画位于第2窟前室左壁。绿度母坐在圆拱形龛内，白色头光，圆形身光，四色组成的光芒外射状的举身光，外加一层联珠纹。身左侧为蓝度母和大幻金刚母，身右侧为阿输迦和猪首摩利支天，莲池前一铺伎乐，两人对舞。左右各站立6身菩萨，两外侧列度母救八难。上方绘五方佛。窟脚画一列供养天。

图版8（7-1） 绿度母身像

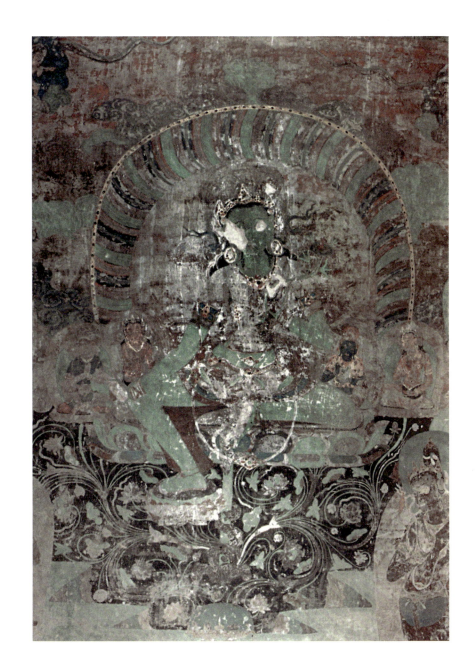

　　绿度母身绿色，一面二臂，头部微微右倾，头戴金黄色波罗式三叶头冠，高耸发髻，头发浓密，呈扁平波浪状，发辫结成球状垂于两肩，蓝色宝缯外飘。身穿有别于藏地裸身传统的汉地式样白色开襟坎肩。腰系镶红绿各色宝石腰带的白色围裙。身佩金黄色耳环、项链、璎珞、臂钏、手镯和脚镯。舒右腿，以游戏自在坐坐在红、绿、蓝、白四色仰覆莲花座上，右脚踩在与莲座主莲相连的小莲蓬座上。右手掌向外置于右膝上，施愿印，左手置于胸前持蓝色乌巴拉花，上显五朵花朵，中心花朵绽放，周围四朵闭合待放。身躯右侧相应的部位装饰着一枝红色莲花。主尊四色仰覆莲花座下由一苗壮的主莲茎支撑，主莲茎两侧回旋着枝叶茂密的支茎，中心盛开着莲花，黑色衬底显得绿色枝叶、粉红色莲花格外鲜明。

图版8（7-2） 救八难绿度母·菩萨

　　绿度母左侧3身菩萨。前菩萨身青黑色，身后两菩萨仅探露头胸，上菩萨身青色，下菩萨身白色，双手合十。

图版8（7-3） 救八难绿度母·大幻金刚母 蓝度母

　　绿度母腹胯之际踞坐着蓝度母、大幻金刚母、阿输迦、猪首摩利支天四位尊神。左侧靠里侧的一身为深蓝色的蓝度母，头上红发结团状焰发，具三只慧眼，着黄色黑花纹坎肩，右手拿骨碗，左手拿剥皮刀。靠外的一身为金色的大幻金刚母，右手胸前作手印，左手腹际定印。

图版8（7-4）　救八难绿度母·阿输迦　猪首摩利支天

　　绿度母腹胯之际踞坐着蓝度母、大幻金刚母、阿输迦、猪首摩利支天四位尊神。右侧靠里侧的一身身金色的阿输迦，右手胸前施无畏印，左手不显露。靠外的一身身灰色着蓝色坎肩和蓝色围裙的猪首摩利支天，四臂，双手于胸前合十。

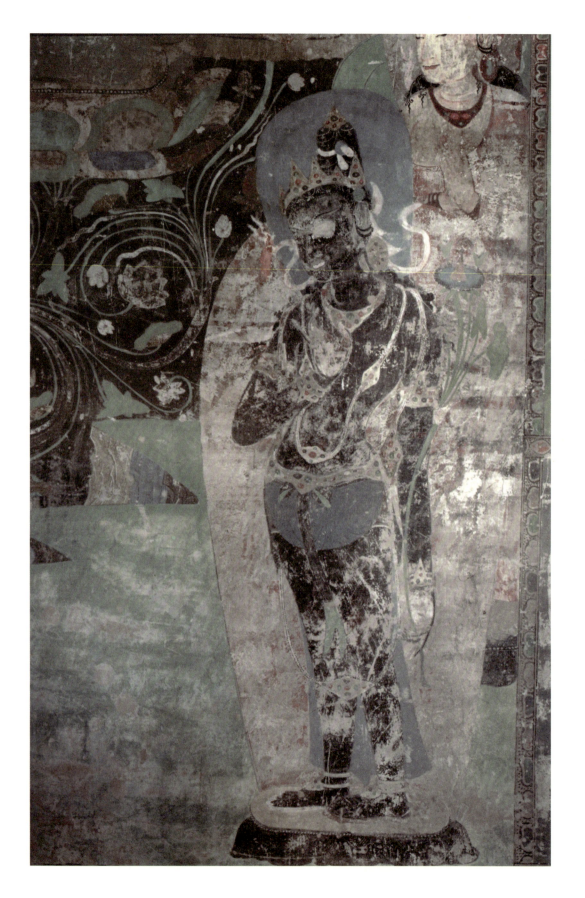

图版8（7-5） 救八难绿度母·菩萨

    度母身侧侍立着6身菩萨，每侧3身。左右侧前两身身姿是一样的，以左侧这身最为美妙。菩萨身相为青黑色，头饰身姿皆印度波罗样式，头戴镶嵌珠宝的五菱花宝冠，后结顶饰宝石、花钿、下垂串珠的黑色高发髻，髻中束以白色花簪。黑色秀发垂于双肩。椭圆形面孔，弓形眼，两眼俯视略有沉思感。身段略作弯曲，丰胸细腰，着镶宝石腰带的青色短裙。身佩金黄色耳环、项链、长璎珞过膝、臂钏、手镯和脚镯。右手胸前作说法印。左手下垂握蓝色乌巴拉花，上面绽开着花朵。双脚并拢一侧，站在莲台上，为西夏菩萨的表征。

图版8（7-6）
救八难绿度母·牢狱难

　　救八难绿度母图，左侧为水难、牢狱难、盗贼难、非人难。右侧为火难、蛇难、象难、狮难。图中所示为救八难之一的牢狱难：牢狱难，下立一戴枷的人，上方显牢狱。

图版8（7-7） 绿度母·伎乐天

伎乐天图位于绿度母图像的底部。莲池前，两人挽臂交膝相舞。

图版9 释迦降魔相 西夏

位于第2窟前室右壁的释迦降魔相，是典型的藏式波罗式画风。释迦居坐于中央。下面坐着捧花盘菩萨，左右列十菩萨十弟子。背衬嶙峋的山岳，正中平台上洞穴内坐着佛像，身前放着供物。右一平台洞穴内坐着一人，身前一展翅的凤鸟。右二平台洞穴内坐着一人，外面站着一人。右三平台似为一乘骑。左一平台洞穴内跪着一人，身前一兽。左二和左三平台洞穴内坐着一人，若苦修僧人。左右角云纹火焰纹中各侧向站立着二天人，右侧前天人躬身双手向下撒物，后天人举幢；左侧前天人托盘，后天人举伞盖。

图版9（3–1） 释迦降魔相身像

　　释迦居坐于中央，身金黄色，着红色袒右肩袈裟，右手作表降魔的触地印，左手定印托黑色钵。灰赭色头光，绿色背光，黑色高尖状肉髻上严浅色宝石，结跏趺坐，坐于方形束腰座承托的四色仰覆莲花座上。上顶居中者为人面鸟喙展开绿、红、蓝三色双翅的金翅鸟，鸟喙下缚着两条身躯交织一团的黄色蛟龙。

图版9（3–2）
释迦降魔相·弟子 菩萨

　　主尊左右侧均衡地坐着10身弟子和10身菩萨，图示为左侧部分。

图版9（3-3）
释迦降魔相·捧花盘菩萨

图中所示为释迦降魔相中的一菩萨。佛座前跪着一菩萨，两手托盛满花果的果盘奉佛。菩萨身白色，头戴五叶冠，身佩金黄色耳环、项链、长璎珞、臂钏、手镯和脚镯，黑色围裙，白色头光，蓝色身光，胡跪在莲花座上。

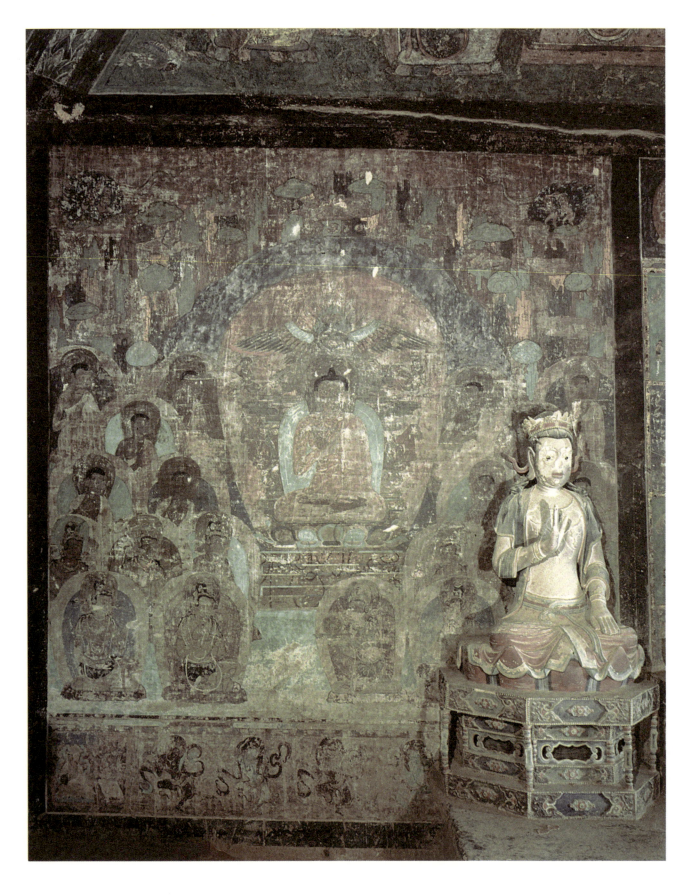

图版10 释迦说法相 西夏

    释迦说法相位于第2窟前室左壁。释迦端坐于中央。左右侧均坐着10身弟子和10身菩萨，每侧为五弟子和五菩萨。下方跪着捧金轮菩萨，左右上角二天人举幢或伞盖，托果盘。背衬嶙峋的山岳，顶端中心平台上两天人托圆盘，周围平台上站着双鸟、双羊、双驼、双鹏，乃至若龙若凤之类。

图版10（3-1） 释迦说法相身像

释迦端坐于中央，身金黄色，着红色袒右肩袈裟，灰黄色头光，绿色身光，绿色身光中间一条白色纹饰。双手于胸前左侧作说法印，黑色高尖状肉髻上严浅色宝石，肩宽腰细，结跏趺坐，坐于方形高台座承托的四色仰覆莲花座上。顶上居中者为人面鸟喙展开绿、红、蓝三色双翅的金翅鸟，鸟喙下缚着两条身躯交织一团的灰色蛟龙。龙头向外张开大嘴。龙头外侧是袒身着耳环、项链、长璎珞、臂钏、手镯，身佩飘带的菩萨装双手合十蹲坐着的二天人。佛龛外侧横木之下两侧为白色面向外前蹄旋空立着的狮羊和仅见头部的象王，还有搭在弯钩上的红色丝带。

图版10（3-2）
释迦说法相·弟子 菩萨

主尊左右均衡地坐着10身弟子和10身菩萨，图示为右侧部分。

图版10（3-3）
释迦说法相·捧法轮菩萨

　　图中所示为释迦说法相中一菩萨。佛座前跪着持金刚轮的菩萨。菩萨身白色，头戴三叶宝冠，结高筒状发髻，饰以红、黄、蓝、绿诸色宝石。椭圆形面孔，弓形眼，两眼平视，双手用盘托着金轮，轮边冒着火焰，象征前初转法轮。身佩金黄色耳环、项链、长璎珞、臂钏、手镯和脚镯。着黑色短裙。棕黑色头光和身光，白色举身光。跪在莲花座上。

图版11 东方八佛 西夏

　　前室正壁二铺八佛,每铺8身,总计16身,作竖四横二排列。佛像皆低平肉髻,着交领大衣,结跏趺坐,定印,月轮形背光,颇似千佛的汉风造型。八佛的组合很少见到,处于正壁中心部位更是鲜见。据隋阇那崛多译《八佛名号经》佛应舍利弗之问所说东方八佛名号:(一)东方难降伏世界之善说称功德如来,(二)东方无障碍世界之因陀罗相幢星王如来,(三)东方爱乐世界之普光明功德庄严如来,(四)东方普入世界之善斗战难降伏超越如来,(五)东方净聚世界之普功德明庄严如来,(六)东方无毒主世界之无碍药树功德称如来,(七)东方侧塞香满世界之步宝莲花如来,(八)东方妙音明世界之宝莲花善住娑罗树王如来。图中所示为八佛的一部分。

图版12　布袋和尚　西夏

　　前室正壁两侧甬道上方，身材异常粗短肥胖，身穿一领袈裟，袒胸露腹，大腹便便，左肩扛着长杖，脚穿布履的行脚僧。具头光，顶上化现一座小佛像。五代梁时僧，明州（浙江）奉化人，世传为弥勒菩萨之应化身，常以杖荷一布袋，凡供身之用，皆收于袋中，见物则乞，故人称"布袋和尚"。布袋和尚身材肥胖，眉皱而大腹，出无定语，随处寝卧，能示人吉凶，颇能预知时雨，人称其神。

图版13（9-1） 供养天之一 西夏

供养天是亲近奉事、尊敬佛法的天人。这些供养天由于被佛台遮挡，现在只能看到一部分，按其位置推算起来，左右壁各画供养天12身，前壁供养天8身，总计供养天32身，现在看到的部分不及一半。这里收录的有9幅。他们的体姿均作舞姿，头戴宝冠，袒身，着短裙，身佩耳饰、项饰、臂饰、璎珞，都身披一领飘飞的飘带，双腿舞立，身后都有头光。身色各异，有赭红、蓝、绿、白诸色。手中拿着乐器，可见鼓、角、托果盘、灯明、香炉等。在显密经典中，有关供养天的事说得很多，其中有十六供养天女、八供养天女等等，一般都形容她姿色迷人，擅长歌舞。

图版13（9-2） 供养天之二

图版13（9-3） 供养天之三

图版13（9-4） 供养天之四

图版13（9-5） 供养天之五

图版13（9-6） 供养天之六

图版13（9-7） 供养天之七

图版13（9-8） 供养天之八

图版13（9-9） 供养天之九

图版14　上师图　西夏

第2窟的这幅上师像图幅较小，而且位于前室
左壁下层伎乐天的一侧，其衣冠表明它是具有相
当身世的一位上师，是本窟唯一的一幅上师图。

图版15　马宝　西夏

　　每壁供养天前端各有一身金刚，后端则分别是马宝和上师。右壁后端的马宝，深棕色宝马驮着红色珍宝在徐徐前行，下垂华丽的饰物。身侧站着一员身穿铠甲足登战靴手拿金刚杖的武士护行。身后背衬一团红色的火光。佛典中常记载在理想国（转轮圣王）出现时，会有七宝自然出现，以辅助该王教化百姓，行菩萨道。此七宝即：轮宝、象宝、马宝、珠宝、玉女宝、主藏宝、典兵宝等。马宝指绀青色有象力之骏马，能飞行，与象宝同为转轮之乘骑。

图版16　坛城图　西夏

　　坛城图，本名曼荼罗，是汇聚诸佛、菩萨的一大法门，是密教的主要图形。多数位于窟顶，几个主要洞窟窟顶都画坛城图，以总摄全窟，大部已残去。本图五佛四菩萨金刚界坛城图，摄于窟顶平棋枋及四披。从方位上看，该窟坐西向东，坛城图是以西为上，窟位与坛城都是以西方为上是一致的。中心平棋枋内院安置诸尊，外绕以金刚环。坛城内交叉的对角线将方形坛城分为四个三角形，以标识东西南北四个方位，由于时久颜色的褪变和并不完全符合仪轨要求的颜色制作等原因，现在的色感是下方（东）为黄色，上方（西）为白色，左方（南）为蓝色，右方（北）为绿色。

图版17　阿閦佛说法会　西夏

　　东披东方阿閦佛说法图仅存右半部，摄于佛顶端瞪着双眼咧着大嘴的狮头，尚存一部分。佛右侧坐着四弟子和四菩萨，它们都有椭圆形头光和不同颜色身光，及红色举身光中嵌入蓝色回旋纹，极富装饰性。菩萨形象高雅，戴三叶冠，结高筒状发髻，袒上身，身严佩饰，下着短裙，裸露腿肢，舒坐在莲花座上，色相有白、黄、橘红、青诸色。虚空间红色衬底中滚动着白色的云朵，右上角云朵上有献物的二童子。

图版18　不空成就佛说法会　西夏

　　不空成就佛说法会位于坛城图左方，波罗式宫殿式佛龛。主尊青灰色，右侧为四菩萨四弟子。右下角坐骑标识为人头金翅鸟。虚空间飘浮着彩云，右上角有献物的二童子。

图版19（2-1） 孔雀 西夏

每幅壁画下角有象征佛像的坐骑标识物，西披阿弥陀佛说法会右下角为孔雀。

图版19（2-2） 人头金翅鸟

　　坐骑标识物，西披阿弥陀佛为孔雀，东西披南方宝生佛说法会和北方不空成就佛说法会下角标识坐
骑均为人头金翅鸟。

图版20 落迦山观音（南壁） 西夏

　　本窟有两幅落迦山观音，位在南北壁甬道外侧。本幅为南壁那幅落迦山观音。观音结跏趺坐侧身坐于"金刚宝石上"。观音身前面临一条绿色大河，荡漾的水波萦绕着观音，岸边生长着莲花和芳草，耀眼的蓝宝石闪闪发光，水面碧波涟漪。天空飘动着白色的祥云。彼岸唐僧、猴行者一行牵马参拜观音。

图版20（4-1） 落迦山观音身像

　　此为南壁落迦山观音身像图。观音结跏趺坐"于金刚宝石上"。头戴宝冠，秀发垂肩，一道披帛从颈际下垂绕于臂腕间，袒露胸腹，腰间斜披一领络腋，颈项、臂、腕、踝间皆饰项圈、璎珞、钏、镯等饰物，局部敷贴金箔。左手掌心向上置于腹际，右手展阅经卷，双目凝神在经卷上，神态自然恬静。身侧的经箧已开启，净瓶柳枝置金刚高台上。

◀ **图版20（4-2）**
落迦山观音·唐僧取经图

　　南壁落迦山观音唐僧取经图中，大树下唐僧和猴行者师徒二人牵白马隔水遥望彼岸的观音，唐僧已经下马，猴行者牵着马。唐僧头上有头光，作中年僧人形象，着大袖襦裙，外披红色袈裟，脚蹬云头履，侧身双手合十向观音敬礼，十分虔诚。白马站在猴行者身后背向而立，也在侧首张望观音，协调了人物之间的关系，增强了画面的稳定感，备红色鞍鞴，并未驮物。

▶ **图版20（4-3） 落迦山观音·猴行者**

　　猴行者猴相，一双神眼举目滚动，龇嘴露齿微有几分凶相，披发束金环，身着长袄衣，腰束带，小口袴，麻鞋，左手举拳遮额定睛眺望，右手握马缰，随从在唐僧身后，显得很精干，警觉性很高。

图版20（4-4） 落迦山观音·天人

　　南壁落迦山观音中的天人（大梵天或帝释天）手捧曲柄香炉，前有侍女举幢，后有文吏抱文卷，并握着一枝笔。武士张旗。

图版21（2-2）
落迦山观音·唐僧取经图

　　北壁落迦山观音，唐僧、猴行者师徒二人牵马朝拜观音。而猴行者的妆束较南壁约有变化，着武士短衫，腰系带，胫裹行缠，足登麻鞋，右手牵马，左手持金环锡杖，紧依白马回首观望。马侧身而立面向观音，备红色鞍鞯，未驮物载经。这幅画漫漶不清，大大地削减了观赏价值，因此也产生了描述的混乱，有的描述为白马负经东归，实际上并未载物。本图与南壁所不同的是唐僧、猴行者身前升起了虚光，唐僧、猴行者在虚光笼罩中礼敬菩萨。

◀ 图版21 落迦山观音
（北壁） 西夏

　　落迦山观音位于南北壁甬道里侧。北壁这幅落迦山观音，其趣意与南壁完全相同。观音顶戴化佛宝冠，身严饰物，屈左腿舒右腿脚踩红莲坐在山石上，右手扶地，左手抚于膝上，神情极为安祥。身右侧安放着已开启的经箧，身左侧金刚台上净瓶安于琉璃碗中上插柳枝，净瓶为观音常见的法物配伴。大河彼岸仍是唐僧、猴行者师徒二人牵马朝拜观音。而猴行者的妆束较南壁略有变化，着武士短衫，腰系带，胫裹行缠，足登麻鞋，右手牵马，左手持金环锡杖，紧依白马回首观望。马侧身而立面向观音，备红色鞍鞯，未驮物载经。

图版21（2-1） 落迦山观音·天人

　　北壁落迦山观音中的天人（大梵天或帝释天）手持曲柄香炉，前有童女奉贡品，后有文士抱文卷，武士张大旗。

图版22　说法图　西夏

　　说法图是佛教艺术中久远而又永恒的题材，东千佛洞说法图场景博大，把它放在了和涅槃图相对应的相关位置上。本像为说法图主尊像，为汉密风格，低平的肉髻前饰髻珠，额开天眼，身肉黄色，右手智印，左手垂于腿部展食指，结跏趺坐，坐于多角形束腰座上。

图版22（3-1） 说法图·弟子 菩萨 圣众

　　图中所示为说法图中左侧4身弟子、菩萨及圣众。画面结构紧密，仅仅画出它们的头部，着僧衣，它们都凝神若有所思。

图版22（3-2）
说法图·弟子 菩萨 圣众

图中所示为说法图中右侧弟子、菩萨、圣众。人物突出形象，陪景很少。画面结构紧密，仅仅画出它们的头部，着僧衣，它们都凝神若有所思。

图版22（3-3） 供养菩萨

主尊身前左侧供养菩萨。

图版23　满愿药师佛　西夏

　　行道药师佛立像，它们位在后室正壁两侧，左右对称。构图简练以突出主要形象，表现了药师佛的庄严仪态和慈祥的神情。右侧药师佛形同左侧，身赭红色，身躯微微向右倾斜，变换成左手执锡杖，右手曲臂下垂，手托琉璃色药钵，下方三饿鬼奋力举瓶呈接甘露。因此称为满愿药师佛。左侧站立着二弟子，一作外缚印，一双手合十躬立。

图版24 行道药师佛 西夏

　　行道药师佛立像，它们位在后室正壁两侧，左右对称。构图简练以突出主要形象，表现了药师佛的庄严仪态和慈祥的神情。左侧药师佛发饰涂成宝蓝色，低平肉髻，饰髻珠，身赭红色，穿百衲袈裟，双脚站在莲花座上，微侧身缓缓前行。右手持配环锡杖斜靠在肩上，左手托透明的琉璃色药钵于胸前。左右二弟子双手合十躬立，虚空间背衬彩云。

图版24（1-1） 行道药师佛·弟子

行道药师佛立像，左侧药师佛左侧二弟子双手合十躬立，目光凝重，十分虔诚。虚空间背衬彩云。图中所示为右侧弟子像。

图版25 释迦涅槃图 西夏

　　释迦涅槃图位于中心柱背面。此为侧摄。释迦涅槃图是佛教创始人释迦牟尼世尊入灭的相状，佛经记载：释迦牟尼四十五年间说法教化众生，化缘既尽，于中天竺拘尸那城跋提河边双树间，一日一夜说大般涅槃经毕，头北面西，右胁而卧，乃入灭。释迦右胁侧卧，曲右臂枕右手，身后冒着表示荼毗之火的熊熊火焰。虚空间飘浮着云朵。头前立大梵天和帝释天。身后立举哀众弟子、泣哭的阿难、劝止的阿耶律。足跟站立着末罗族长者及俗装贵人摸佛足。寝床前执金刚神、密迹力士、凤鸟、狮子、孔雀、鸟兽供养、坐着的裸形外道等。两侧壁娑罗双树下依立着两菩萨。

图版25（12-1） 释迦涅槃图·释迦头像

　　释迦涅槃图是佛教创始人释迦牟尼世尊入灭的相状。图中所示为释迦牟尼涅槃头像，释迦两眼微
闭，陷入沉思状态。头枕于枕头上，前立者为大梵天和帝释天。

图版25（12-2）
释迦涅槃图·末罗族长者

释迦涅槃图是佛教创始人释迦牟尼世尊入灭的相状。图中所示释迦涅槃图足跟部分人物为末罗族长者、俗人抚摩佛足以及释迦的一些弟子像，哭泣的阿难，劝止的阿那律。

图版25（12-3）
释迦涅槃图·大梵天　帝释天

释迦头前站立身着天人装双手合十神情肃然的大梵天和帝释天，天人头顶黑色秀发结满饰花钿的扇形发髻。它们都是额部开天眼，双唇上下蓄八字形和蝌蚪状胡须，正圆形头光。大小相等，没有主次的区别，它们的身份应是大梵天和帝释天。涅槃经中大梵天和帝释天是固定的诸神，在犍陀罗艺术中作为释迦的守护神大梵天和帝释天经常成对出现。

▶ 图版25（12-4）
释迦涅槃图·举哀弟子

举哀的十大弟子是涅槃像中最重要的人物，它们多数站立在释迦身后。以佛头为始：图中所示为第三身和第四身合抱张嘴痛哭，总的来说所有举哀弟子神情举止比较温和，没有那些揪头发、用刀子刺胸和劈面的过激场面。

图版25（12-5）
释迦涅槃图·俗人抚摸佛足 供养

俗人抚摸佛足供养，是这几幅涅槃图中很鲜明的人物形象。摸佛足者浅绿色头光，蓄发，梳理得很俊洁的乌黑的长头发挽髻于头顶，发簪绾髻，下巴蓄着长长的胡须。着圆领浅色衣腰束带，侧身弓立于寝床前，恭虔地用双手展开五指平放在佛足上，轻柔地抚摸着佛足，两眼凝视，若有所思。

图版25（12-6）
释迦涅槃图·末罗贵族长者 供养

摸佛足者身后站立着一位头戴通天冠或戴冠蓄发身着官服的富贵相人物，应是末罗贵族长者。实际上释迦在古印度末罗国拘尸那揭罗城入灭后，葬仪是由当地居民末罗族人举行的。在犍陀罗涅槃像中，末罗贵族颇多见，作举哀动作，这里则作官人相装束站在一侧吊唁。

图版25（12-7） 释迦涅槃图·力士

　　寝床前两侧悲咽欲绝跌倒在地的金刚神和密迹力士，它们都是睁大双眼张大嘴巴仰面嚎啕大叫，似有所乞求仰视上方。均作力士装，头顶结发，佩项圈、臂钏，裸身缠腰布，下着裙，体魄健壮。左边这位密迹力士举右臂紧握拳头，悲痛之中显示出力量。金刚神见佛灭度挥臂踊跃，闷绝于地，因悲伤过度，在犍陀罗及我国北朝以来涅槃像中多将金刚杵摔在身边，这里末见金刚杵，从形象上可以肯定它是金刚神。它们是涅槃图中数量不多却是最常见的神。《佛入涅槃密迹金刚力士哀恋经》云："密迹金刚作是语已，恋慕世尊，愁火转炽，五内抽割，心膂磨碎，躄踊闷绝，譬如岩崩，颠堕于地。"

图版25（12-8） 释迦涅槃图·力士 金刚神

　　寝床前两侧悲咽欲绝跌倒在地的金刚神和密迹力士，左边这位金刚神右手抚于胸前，一副悲痛欲绝、有所乞求的样子。

图版25（12-9） 释迦涅槃图·鸟兽供养 凤凰

寝床下之字形并列着凤凰、狮子、孔雀。站立的凤凰展开双翼。

图版25（12-10） 释迦涅槃图·鸟兽供养 狮子

寝床下之字形并列着凤凰、狮子、孔雀。蹲坐的狮子回首张望。

图版25（12-11） 释迦涅槃图·鸟兽供养 孔雀

寝床下之字形并列着凤凰、狮子、孔雀。站立的孔雀展翅欲飞，拖着美丽的尾巴。

图版25（12–12） 释迦涅槃图·裸形外道

　　裸形外道全身赤裸，不着任何衣饰，作正面双腿叉开蹲坐的姿势，半张嘴巴向前召唤，侧面仰望释迦，右手扶床沿，左手抚在胸前。

图版26 娑罗树 菩萨（右壁） 西夏

此图为右壁菩萨，左手上举头顶捻花枝，右手自然下垂。下面站立一饿鬼，仰面张望。

图版27 娑罗树 菩萨（左壁） 西夏

　　此图为左壁菩萨，右手上举头顶捻花枝，左手自然下垂握着净瓶，施洒甘露。下面有三个饿鬼：站立着的饿鬼双肩扛着一小儿状饿鬼，举双臂欢喜引颈吸食甘露；另一饿鬼披着长发，坐在地上目光投向净瓶，举手示意。

图版28 北甬道壁画 西夏

　　南北壁甬道一壁是落迦山观音图，另一壁是依立于娑罗树下一菩萨。正壁是行道药师佛，顶上是卷枝纹图案，圆心显坐佛。

图版29 门道顶龙凤图案

门道顶部莲花龙凤图案。中为凤凰展翅，左右披二龙游动。

图版29（2-1） 门道顶部凤图案

图中所示为门道顶部凤图案。

图版29（2-2） 门道顶披龙图案

图中所示为门道顶披龙图案。

图版30　甬道顶图案中的坐佛　西夏

后室甬道顶为饰卷草莲花图案，圆心为坐佛。着交领大衣，结跏趺坐，定印。

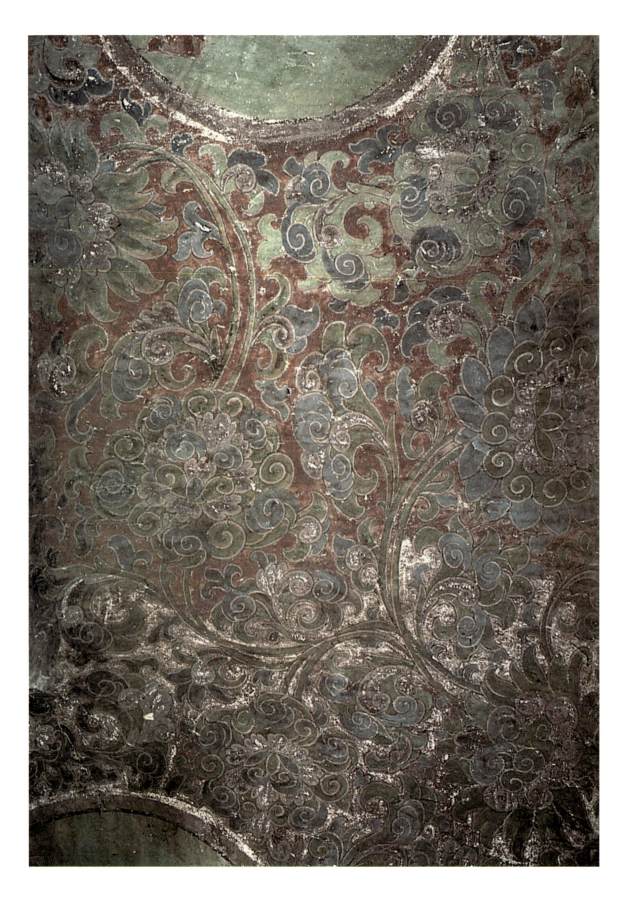

图版31　后甬道顶图案

后室甬道顶为饰卷草莲花图案。按照佛教的说法：三界的众生，以淫欲而托生；净土的圣人，以莲花而化身、并能以世人所熟悉的形象示现。既然莲花代表佛祖清净的法身，庄严的报身，于是便成了佛教艺术的重要题材，也是佛寺中经常见到的吉祥物。此甬道顶用莲花图案装饰，亦有此寓意。

图版32 供养人·男供养人 西夏

　　供养人是开窟的功德主，应该说每窟都有供养人。门道南壁6身男供养人中可以看清形象的有前4身，后两身已漫漶不清。他们均头戴尖圆形金镂冠，身穿圆领窄袖紫旋襕，腰间佩腰袯。腰袯是西夏武官常见的服饰，壁画虽是褪色极度模糊不清，但腰袯上并列着横二竖三的墨色圆点纹饰并未消褪，据此可以看清腰袯形状。这个关键部位的定位对认识所着服饰有着重要作用。男女供养人身前界栏均有西夏文题名，可惜多漫漶不易识读。惟南壁6男供养人中第3身题名显部分字迹。

图版32（2-1） 供养人·第3身男供养人题名

　　男女供养人身前界栏中均有西夏文题记，可惜多漫漶不易识读，唯南壁6供养人中第3身显一部分字迹，2行14字，可辨识上部分6字，译文为"行愿者□□□□/边检校□□□□/"。第1行"行愿者"也就是发愿造窟的功德主，是佛教的常用语。第2行"边检校"是西夏武官官名，主要职责就是防守敌寇、盗贼入侵，保护边疆安全，属西夏中级武官。瓜、沙二州属于西夏西部边陲，故设边检校之职。综观本壁6身男供养人壁画，身材有着由高到低的等级变化，第3身供养人的官职是中级武官边检校，至尊的列于首位第1身供养人显然要高于此官职，可惜题名已漫漶不清，官职不明。供养人身份表明该窟是西夏社会地位较高的地方中上级武官所作的功德窟。

图版32（2-2） 供养人·第1身男供养人界栏内日本人题名

　　南壁6身男供养人排在首位第1身供养人，身前界栏西夏文题名，可惜多漫漶不易识读。覆压在上面的是日本人用钝物刻画的一则题名"明治四十四年九月二十七日大日本京都吉川小一郎"（注，此条日本人题名，近年来好事之徒用铅笔改写，字形有所变化，图为改写前原照）。

图版33 供养人·女供养人 西夏

　　北壁6身女供养人，均头戴高耸的桃形金冠，冠后佩长花钗，身着交领右衽窄袖长袍。图示中显示前4身。

图版33（2-1） 供养人·女供养人

　　北壁6身女供养人，图示为所列第1身女供养人，着交领右衽窄袖长袍，头戴高耸桃形金冠，冠后佩长花钗，鬓边垂冠缨。

图版33（2-2）
供养人·女供养人西夏文题记

　　右壁6身女供养人中的一身微现西夏文字迹，已不好识读。

瓜州東千佛洞 西夏石窟 第4窟 藝术

图版34　前室正壁　西夏

　　第4窟正壁高浮雕覆钵式塔龛，塔顶刹柱相轮部分已经毁去，唯留遗址于壁上，可以看出相轮是相当粗壮，塔肩平直。塔身开三裂拱形深龛，彩画龛楣，塔身有两匝棱起外毂，下面是多层折角基座。塔龛外两侧对称地画着外立的狮羊和站立着的象王，上有建筑横木装饰，依然是波罗式龛形的遗制。

图版35　上师图　西夏

　　上师图像位于前室正壁塔龛内，处于本窟主尊的地位。头戴通人冠，帽冠中间和两侧高起，比起第2窟上师帽冠要平缓，身着红色袒右肩袈裟，外披灰色条幅的袈裟单，从肩部覆盖到腿部，袈裟之内着白色交领内衣。身后有白色头光和绿色身光。

图版36　女供养人像　西夏

　　龛内左右壁壁画已剥蚀不清，从残迹看为垂帐纹下立着几身供养人，仅残存左外侧一身女供养人，头戴高耸的桃形冠，脑后佩长花钗，身着长袍，面部被垂帐纹遮盖。

图版37 救八难十一面观音 西夏

　　第4窟前室右壁救八难十一面观世音，结构与第2窟完全相同，唯龛形略有差别。观音坐在横木立柱波罗样宫殿式佛龛里，外为七色道构成的具有中亚风格的外射光焰。身光左右上侧出现了如意宝和日轮，右侧为白色如意宝，左侧为红色日轮。观世音十一面作3·3·3·1·1排列。面相已严重漫漶不清。身白色，身生八臂，手中持物多已漫漶不清，残迹表明和第2窟十一面观世音是一样的，两只主臂置于胸前二手合掌，右侧三手依次持佛珠、金轮、施愿印，左侧三手执金莲花技、执弓箭、握宝瓶。结金刚跏趺坐，坐在莲花座上，下方紧连着莲池，无高台座。左右两侧立八大菩萨，每侧4身。左右外侧为观音救八难八方。上方并列五方佛，两端二明王。

图版38　菩萨　西夏

菩萨位在十一面观音右下侧，身相为白色，头饰、身姿皆印度波罗样式，头戴饰花钿的双层五叶宝冠，脑后梳立着高耸的发髻，高髻上插花簪束以色带，髻顶上饰以花钿宝石，黑色秀发垂于双肩。椭圆形面孔，弓形眼，两眼俯视略有沉思感。身段略作弯曲，肤肢白色。丰胸细腰，胸腰间涂色带数条，以示肌肉的起伏。着镶宝石腰带的黑色短裙。身佩金黄色圆形大耳环、项链、长璎珞过膝、臂钏、手镯和脚镯。右手下垂握绿色莲花枝，上面绽开着莲花。左手胸前作说法印。双脚并拢一侧，站在莲台上。菩萨像右上侧界栏内有西夏文题名，只是已漫漶不清，难以辨认。

图版38（1-1）　十一面观音·菩萨　西夏文题名

菩萨右上侧界栏，红底、墨书西夏文题名，尚没有解读出来。

图版39　孔雀图案　西夏

第4窟窟顶残存的孔雀图案。

第5窟

西夏石窟

瓜州東千佛洞

藝术

图版40　前室左壁　西夏

第5窟前室左壁壁画三方：普贤变、绿度母、八塔变相。窟脚画男供养人行列及十王地狱变。

图版41 普贤变 西夏

　　位于前室左壁普贤变。普贤菩萨赴会，菩萨身白色，头戴宝冠，神态安详，身着半披肩袈裟，右手胸前举佛经，左手置于腹际，半跏趺坐，坐于束腰莲花座上，背衬多层色带组成的月轮形头光和身光，乘白象徐徐前行。白象四脚踩在莲朵上，身下驭象奴紧拽缰绳牵引大象，身前站立善财童子，身后于阗王握经卷奉行。胁侍二菩萨二弟子随行，弟子手捧如意或双手合十，菩萨则作与愿印。

图版41（3-1）普贤变·善财童子

　　普贤变中善财童子仰面双手合十参拜普贤菩萨。善财童子为华严经入法界品中之求道菩萨，受文殊菩萨之教诲遍游南方诸国，参访五十五善知识，遇普贤菩萨而成就佛道。

图版41（3-2） 普贤变·驭象奴

普贤变中驭象奴紧拽缰绳牵引大象，袒身，肩披条帛，下着裙，长方型脸，两眼直视，神情专注，蓄着浓密的短胡须。

图版41（3-3）普贤变·于阗王

普贤变中的于阗王戴胡帽，身穿间色条长袍，右手握经卷奉行。

图版42 前室前壁左侧 西夏

前室前壁左侧壁画以界栏分为上下两部分，界栏上部为塔龛观音一铺、五方佛坛城图、一佛五观音、下栏为宝藏神二忿怒金刚。

图版42（4-1） 前室前壁左侧·塔龛观音

前壁右侧界栏上部左侧塔龛观音一铺，右侧一佛五观音、五方佛坛城图。

图版42（4-2）
前室前壁·宝藏神

　　宝藏神肤色黄白，头戴宝冠，作忿怒形，袒身天人装，右肩披一宽幅外饰兽纹的条帛，着耳珰、手镯、臂钏、项饰，下身着红色短裙。左手于腰际间握红色鼠头袋囊，身侧并一枝莲蒂。右手展于腿部手指拿着小小的珍宝。右舒坐，坐在束腰莲花座上。右脚踩在莲花上。宝藏神是毗沙门天王的眷属之一，这里则处主尊位置。左右侧为忿怒金刚。

图版42（4-3）
前室前壁·忿怒金刚之一

位于宝藏神左侧的忿怒金刚，身相为白色，面作三目忿怒形，焰发竖立，着耳珰、手镯、臂钏、项饰，胸挂人头璎珞，腰间着虎皮短裙，全身以龙蛇绕身，缠于胸腹、手臂及腿部。右手上举拿曲刀，左手胸前捧金刚轮。两腿展立，站在莲花座上。背衬迦楼罗焰光。

图版42（4-4）
前室前壁·忿怒金刚之二

位于宝藏神右侧的忿怒金刚，三目忿怒相，身相为白色，焰发结成球形，佩五骷髅头冠，腰间虎皮短裙，颈挂人头璎珞，龙蛇缠身，右手上举握曲刀金刚索绕于指间，左手胸前捧骷髅碗。双腿展立，足下踩三角人头饰莲坐上，中间仰卧人尸。背衬红色黑底迦楼罗焰光，深色焰光衬托出白色的身相。

图版43　前室右壁　西夏

　　前室右壁三方壁画依次为文殊变（已剥蚀不清）、三面八臂观音、如意轮观音。窟脚一周皆站立着西夏女供养人及十王地狱变。由于处于窟脚极易损伤的位置，绝大多数残剥严重，存者已模糊不清，完整者甚微，仅有二三身。

图版44　三面八臂观音　西夏

　　前室右壁三面八臂观音立于覆钵形塔龛内，塔顶为日月刹。观音身黄色，三面八臂，当胸的两主臂握金刚杵和金刚索，右侧两手拿箭和花枝，左侧两手拿弓和作手印，垂于腹际的两手作手印。佛座前显小神灵、日轮。

图版44（1-1） 三面八臂观音头像

观音身黄色，三面八臂，当胸的两主臂握金刚杵和金刚索，右侧两手拿箭和花枝，左侧两手拿弓和作手印，垂于腹际的两手作手印。

图版45 绿度母 西夏

　　右壁绿度母坐在三裂拱垂帷帐龛内，度母身绿色，身躯微微向右倾斜。身前莲池中生长着一朵朵白色莲花，并可见游动着的水鸟、回眸张望的异兽和长角野牛。背衬着11至12世纪西藏唐卡中常见的图案状的山岩和树木，上方排列着一列无忧树，山岩作菱形，树冠呈桃形，布局紧密不留空隙，山林间灵鸟栖息，山羊走动。两侧为6身眷属，每侧3身，皆右舒相莲花座坐在三裂叶拱形垂帐式龛内，身色有绿、黄、白诸色。上方拱形垂帐式龛内为结跏趺坐的五方佛。

图版45（2-1） 绿度母·身像

度母身绿色，身躯微微向右倾斜，以游戏自在坐坐在白色莲花座上，舒右腿，右脚踩在由水池中主茎引出的支茎的莲蓬上。曲左腿，坐在由莲池中生长出来的主莲茎支撑的大莲座上。头戴波罗式三叶冠，叶冠后方没有吐蕃样式突起高耸发髻，头发浓密，呈扁平波浪状，发辫结成球状垂于两肩。身佩金黄色耳环、项链、璎珞、臂钏、手镯和脚镯，身绕白色串珠。腰系围裙，穿白色丝袜。右臂向外曲伸右手置于右膝上作施愿印，左手置于胸前持花枝，上显两朵白色花朵，下朵已绽放，上朵苞蕾未放。头光及身光皆为白色。

图版45（2-2） 绿度母·眷属

第5窟绿度母6身眷属坐在两侧龛内。图中为绿度母身侧的眷属图，背衬充满菱形山岩。人物造型清癯用色清雅。

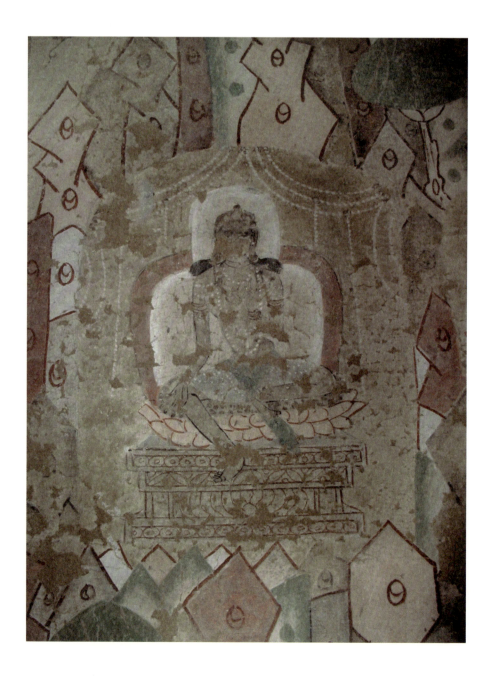

图版46 十臂如意轮观音 西夏

　　左壁如意轮观音，一面十臂，结跏趺坐。佛座下画八臂菩萨，并站立着绿色和白色菩萨各一身，其下更有一身三面八臂六腿菩萨金刚。主尊座下引出莲蔓分枝布满整个画面，枝端莲花上分坐着佛、菩萨像及法器，随众30余身。

图版46（6-1） 十臂如意轮观音（局部）

图版46（6-2）
十臂如意轮观音身像

　　观音肤黄色，头戴五叶宝冠，结高髻顶上严宝。身佩白色和黑白相间的细串珠，小白花短裙，着弧形纹饰的肤色袜子。一面十臂，上左右两手举过头顶捧光明山，中左右两手胸前结转法轮印，下左右两手腹际捧圆轮，右出二手作手印和持莲花上出四出金刚杵，左出二手作手印和举金刚铃。结金刚跏坐，坐于方形折角束腰白莲花座上。

图版46（6−3）
十臂如意轮观音·金刚

金刚位在画面右上角，绿色身相，背衬迦楼罗焰光，三面十二臂，冠顶上又显白色人面，十二臂举长剑、弯钩等物，六腿展立。

图版46（6-4）
十臂如意轮观音·四臂菩萨

　　如意轮观音图中菩萨之一，四臂菩萨身赭红色，坐于莲蔓分枝的莲台上。

图版46（6-5） 十臂如意轮观音·六臂金刚

如意轮观音图中金刚之一，身白色，六臂，背衬迦楼罗焰光，立于莲蔓分枝的莲台上。

图版46（6-6）
十臂如意轮观音·金刚

金刚位于画面左上角，绿色身相，三面十二臂四腿，当胸手右手持牌，左手持刀，余手拿杵、珠、弓、箭、轮、戟等，六腿展立。

图版47　八塔变相　西夏

　　八塔变相，位在第5窟前室左壁里侧。八塔变相，即八相成道，佛示现人间，有八种相。其成道相虽是八相之一，但它是八相中心。画面以主塔"释迦降魔成道"大塔为中心，上方为"涅槃"，其两侧对称均衡地列着"诞生"、"舍卫城神变"、"从忉利天降下"、"调服醉象"、"初转法轮"、"猕猴奉蜜"六小塔（每侧三塔）。画面下方条幅内画角抵百戏，其位置仍在八塔变相界栏内，窟脚为十王地狱变。

图版47（7-1）八塔变相
之一·降魔成道大塔、涅槃相

　　中心上部"涅槃图"，无塔龛，释迦右胁而卧于寝床上，曲右臂，右手支颐，伸左臂，叠双足。头前恭立一弟子，双手执杖，剃发，有头光，但却着上衣下裳俗装，总体形象还是一位僧人，应是老年弟子迦叶。足部一着袍服戴帽蓄胡须的俗装人物摸佛足。床前跪坐二弟子，身后立着举哀四众。两侧站立着八身菩萨，与一般的涅槃相没有多大区别。涅槃相是八塔变相的重要组成部分，一般将它列在八塔变相的最后。

　　释迦降魔成道大塔，它是由塔顶、塔身、基座等三部分组成，属单层方塔。塔顶是日月刹，并左右张两绿色幡带，纤细的黑色刹柱相轮。五层刹柱平台基座，佛龛两侧竖立由莲座托着赭、赤、绿、青四色宝石组成的立柱，塔肩上装饰着幢幡等六件法器。塔侧树立着两棵枝叶茂密红绿相间的菩提树。赤色虚空间散落着白色天花雨。六小塔与大塔相同，同样是单层方塔，细部作法简约了许多，龛柱不再是宝石立柱，而是莲花头八角立柱，主尊坐在方座或莲花座上。壁画底衬皆为浅灰色卷草纹。

图版47（7-2） 八塔变相之二·"从忉利天降下"大塔

　　左上塔"从忉利天降下"，塔龛内释迦结跏趺坐坐在莲花座上，手作转法轮印。龛外两侧跪着二弟子二菩萨。二弟子有头光，双手胸前合十。左侧为跪坐的四臂菩萨，面容作威怒相，长发纵立又似明王，袒上身，腰穿绿色裙，着手镯、臂钏，右上手举日轮，左上手举月轮，中二手胸前合十（似为娜娜女神）。与此对应的右侧菩萨为二臂，饰物跪姿相同，双手胸前合十，左右上角云朵上各跪坐着一菩萨。

图版47（7-3） 八塔变相之三·"舍卫城神变"大塔

　　左中塔"舍卫城神变"，塔龛内三尊佛像，中佛手作转法轮印，结跏趺坐坐在红莲花座上；左右二佛侧身善跏趺坐，均双手在胸前持物，因残损严重已看不清楚所持何物。龛外跪着二弟子。左右上角云朵上各立一佛像。参比莫高窟第76窟八塔变舍卫城神变，定名为"舍卫城神变"。关于八相图中三尊佛像的问题，近有新论，可以作释尊化现的"千佛化现"之解读，三尊佛像即千佛化现，是释尊的另一种身相。

图版47（7-4） 八塔变相之四·"诞生"大塔

　　左下塔"诞生大塔"，塔龛内生长一棵大树，绿色树冠枝叶繁茂向左曲枝罩满龛顶。树下依立一菩萨，袒上身，下着短裙，身色洁白，颈、臂、腕处饰有璎珞、钏、镯之类饰物。身躯微作弯曲，右脚伫立，起左步双腿作交叉状。举右手攀附菩提树枝，左臂向体外自然下垂，行立于硕大的红色莲花上。所举右臂腋下显露一婴儿将要降生，即所谓的太子右腋而生。腋下一人跪接太子诞生，仰面望着太子。画面剥去大半，其人的面容和跪姿尚可看清，应是帝释天以天衣接太子。龛外左侧一立姿菩萨，侧身背向而立，依然是袒上身，下着短裙，身色洁白，颈、臂、腕处饰有璎珞、钏、镯之类饰物，双手抚于胸前，与树下菩萨饰物相同，身高仅其一半。此菩萨的身份可能是太子诞生四方各行七步、步步生莲之类。龛外右侧站立两身菩萨，图像已不清，内容不能认定。

图版47（7-5） 八塔变相之五·"调服醉象"大塔

　　右上塔"调服醉象"，塔龛内释迦手作转法轮印，结跏趺坐坐在红色莲花座上。龛外立着二弟子：右侧弟子面龛，双手合十，侍立龛侧；左侧弟子则面向外侧背龛而立，身躯微曲，双手捧白色钵，一头小白象温顺地站立在弟子身前，弟子在为小白象喂食或奉物。有白象的出现可以确认是释迦调服醉象大塔。左右上角云朵上各跪坐着一菩萨。

图版47（7-6） 八塔变相之六·"初转法轮"大塔

　　右中塔"初转法轮"，塔龛内释迦手作转法轮印，结跏趺坐坐在莲花座上，龛外立着二弟子，左右上角云朵上各立一佛像。

图版47（7-7） 八塔变相之七·"猕猴奉蜜"大塔

　　右下塔"猕猴奉蜜"大塔，塔龛内释迦手作施无畏与愿印，结跏趺坐坐在束腰红色莲花座上。面部微向左倾，眼神向下俯视。龛内左下侧侧立一形似弟子的人物，剃发，无头光，躯体枯瘦，衣不蔽体，躬身面佛，手中持物不清，其姿态是在向佛奉物。龛外两侧各生长着一亘年古树，枝杈间枝叶翠绿茂密。左树一猕猴悬于树枝间，展双臂牵拉下面另一落井的猕猴，落井的猕猴足趾向上，头部已落堕入井中，其井口为方形木质高台井槛。左右上角背衬的卷草纹中垂下二手臂，手中垂着串珠。这一图形与莫高窟第76窟八塔变相猕猴大塔猕猴落井图形相似，应为猕猴大塔。

图版48　角抵与百戏　西夏

　　左壁八塔变下面，一横长条幅画角抵与百戏，与八塔变等宽，虽与八塔变相没有紧密联系，可是它在八塔变相的边框之内，又似八塔变相的一个组成部分。可见画面两侧方形台座上各坐着一台主，右侧台主身后张旗。左侧台主袒身，右手指向前方，身体健壮，大力士形像，身侧童子张伞盖。中间可见爬竿、舞刀、弄棍、弯弓射箭、角力及舞姿动作。画面残存三分之一，多数图像已剥蚀掉了，仍是极为珍贵的体育资料。

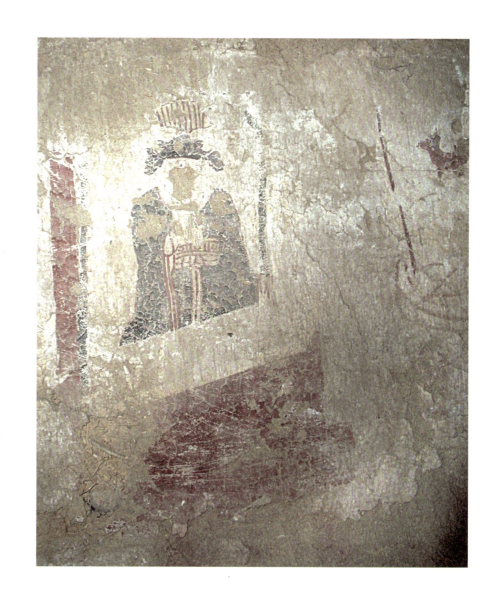

图中所示为左侧台主像。图像已剥落不清，画面残存较少。

图版49　十王地狱变　西夏

　　十王地狱变由于处在窟脚的位置容易受损，大部图像剥蚀不清了，唯壁画界栏尚有规律可寻，一部分图像尚存，可以肯定其为十王变，南北壁西端各五幅，这是北壁的一副。每幅的基本构图是一王者坐在上侧一端，其下侧是亡人负诸刑罚。它是西夏时期为数不多的一例十王变，与前代十王变构图形式基本相似。十王信仰，指崇信和设斋供养冥间十王，祈求死后免受地狱之苦、转生极乐世界的信仰观念和修持活动。

图版50　男供养人西夏文题名

　　北壁窟脚的男供养人中，具题名的尊师身后站立6身供养人，身形俱已模糊，每身供养人面前红色界栏内都有题名，仍有5身界栏内显西夏文字迹，但墨色减退不易识读。

图版51　男供养人　西夏

北壁窟脚的男供养人中，位于北壁中心部位的一位主要供养人，坐在高榻之上，身着白色广袖外衣，头部已残，冠戴不明。身前红色界栏内墨书西夏文题记，译成汉文为"行愿宫主刻判造者智远师"。题名表明他是营建石窟工匠中的一位尊师，形象并不是很突出，但位在中心至尊地位。如果以此尊为中心加以描述，身前站立4身供养人，第1身形体尚且清楚，身穿圆领窄袖袍服，腰间束带，长带由腰间垂于膝下。

图版52　女供养人　西夏

南壁窟脚要比北壁残损更为严重，女供养人绝大部分剥落无存。仅位于南壁右角的2身女供养人尚且可以看清其形象，从残迹看，头戴高耸的桃形冠，身着交领右衽窄袖长袍，手拿花枝，身前红色界栏内都有西夏文题名。其一为"行愿施主瑞女"。

图版53（2-1） 佛教故事之一 西夏

　　前室正壁佛龛两侧分栏画佛教故事20方，每侧竖5方，横2方，计10方，每幅以红色界栏分割成横长方形，系某一连续性的佛教故事，多数已漫漶不清，难以识辨。右侧上层两方尚显影形。由右至左第1方，屋内床榻之上躺着一人，屋外站立着上衣下裙的两女，后者高髻，手托方盘，似在供物，系西夏女供养人常见的服饰。

图版53（2-2） 佛教故事之一

　　前室正壁佛龛两侧分栏画佛教故事。由右至左第2方左侧画3人，一人骑白马，一人着红色袍服，一人着黑色圆领袍服，其上方有一长方形若棺盖之物，右侧漫漶不清，其内容有待考定。综观全部画面，多次出现这一骑马人物。

图版54 坛城图金刚环部分 西夏

　　中心方城部分完全残去，金刚环的装饰现存东面的一段，由内外三重图案组成，内匝为莲瓣，中匝为连续的金刚杵，外匝为火焰纹，其外尚有一匝卷草纹。金刚环外匝残存二上师、天王一些人物残片。

图版54（2-1） 金刚环·上师之一

金刚环外围，东面坐着头戴三山冠、白色头光、具有西夏上师身世的人物，红色身相，身穿半披肩袈裟，左肩挎着条帛，袒右胸和左右臂。右手置胸前拿金刚杵，左手上举握金刚铃，坐在束腰座上，头顶悬华盖，左右垂帷帐。

图版54(2-2) 金刚环·上师之二

金刚环外围东面的另一上师，白色头光，身相粉红色，袒身，左肩挎着条帛，两腿盘膝踞坐，顶上悬华盖，两侧垂帷帐。在土红色的衬底下，身相显得粉白。

图版55
毗沙门天王八大夜叉坛城 西夏

　　后室南甬道南面向坛城。本坛城由两个同心圆组成，中心圆内为毗沙门天王，外界以间色青、黄、赤、白、黑十六莲瓣。第二重间色八莲瓣上画八大夜叉。四隅画坐佛、供养天人、护法等。

　　八大夜叉均骑着马，头戴五叶宝冠，结高髻顶严宝，袒身天人装，着耳珰、手镯、臂钏、项饰，下身着裙。左手皆握吐宝如意鼠头宝囊袋，与毗沙门天王所握红色鼠头囊袋完全同形。右手各拿宫殿、三宝珠、如意宝、宝瓶、举剑等不同持物。每身各具不同身色，有绿、白、黑褐、灰褐数色。只有以身色和持物来鉴别区分尊像身份。

　　坛城四隅壁画所绘内容：左上角一坐佛作说法印，身着袒右肩红色袈裟，具头光和身光，坐在莲花座上。其左侧站立一随从僧人；右前侧一天人，袒身，仅着短裙，双手在胸前，身姿窈窕作扭动状。右上角展立着三位白色护法神，皆袒身，腰间仅着虎皮短裙，怒发竖立，背衬熊熊燃烧着的火焰纹。左下角一站立的天人，袒身，着短裙，身后站立一随从，身前一人托盘供物；右下角一人张旗，一人作舞姿。壁画是灰色的衬底饰以牡丹卷草纹。

图版55（9-1） 毗沙门天王
八大夜叉坛城·毗沙门天王

　　毗沙门天王，是印度神话中的财富之神，在我国一般佛教徒均视它为财神、福神，西藏佛教中亦视为财神，尤为崇拜，又视它为佛教保护神，是主管四大部洲的四大天王之一，为北方护法神。伴随毗沙门天王的八大夜叉又称八马主。毗沙门天王在西夏宗教信仰中占有很重要地位。

　　毗沙门天王头戴菱形三面高宝冠，身披一领绿色的飘带绕于头顶飘于体侧，着耳珰，身穿铠甲，脚蹬战靴，双眼圆瞪作忿怒相，凝视着远方。右手于胸前持宝幢，衣袖外翻；左手于腰间握宝鼠袋，其形象是红色鼠头袋囊状物，以手握着脖颈，并没有四肢。骑在站立着的雄狮上。雄狮身绿色，前胸晕染成白色，鬃毛和尾毛为绿色，回首张口回眸张望，显得勇猛无比。衬底为黄色，其间散发着象牙、各种摩尼宝珠等七宝珍品。

图版55（9-2）
毗沙门天王八大夜叉坛城·东南方散支夜叉

图版55（9-3）
毗沙门天王八大夜叉坛城·西北方般支迦夜叉

八大夜叉之一东南方散支夜叉，身绿色，左手于腰间握红色宝鼠袋囊，右手举火焰剑或日月刀（残存剑柄部分）。

八大夜叉之二西北方般支迦夜叉，身白色，左手于腰间握红色宝鼠袋囊，右手上举楼阁。

图版55（9-4）
毗沙门天王八大夜叉坛城·东方宝藏神夜叉

　　八大夜叉之三东方宝藏神夜叉，身白色，左手于腰间握红色宝鼠袋囊，右手上举三宝珠。

图版55（9-5）
毗沙门天王八大夜叉坛城·东北方妙聚夜叉

　　八大夜叉之四东北方妙聚夜叉，身黑褐色，左手于腰间握红色宝鼠袋囊，右手举刀或剑（残存白色刀刃部分）。

图版55（9-6）
毗沙门天王八大夜叉坛城·北方金毗罗夜叉

　　八大夜叉之五北方金毗罗夜叉，身绿色，左手于腰间握红色宝鼠袋囊，右手上举剑。

图版55（9-7）
毗沙门天王八大夜叉坛城·南方满贤夜叉

　　八大夜叉之六南方满贤夜叉，身灰褐色，左手于腰间握红色宝鼠袋囊，右手上举宝瓶。

图版55（9-8） 毗沙门天王
八大夜叉坛城·西南方阿咤缚迦夜叉

八大夜叉之七西南方阿咤缚迦夜叉（荒居夜叉），身灰褐色，画面剥蚀，左手于腰间握红色宝鼠袋囊，右手举物残失（可能持长矛三角旗）。

图版55（9-9） 毗沙门天王
八大夜叉坛城·西方宝贤夜叉

八大夜叉之八西方宝贤夜叉，身灰褐色，左手于腰间握红色宝鼠袋囊，右手上举白色如意宝，上冒火焰。

图版57　金刚界坛城图　西夏

中心柱北甬道的北面向二十九尊金刚界坛城图，与其相对应的是南甬道南面向为毗沙门天八大夜叉坛城图。其图是由内方城和外金刚环组成，内方城安置着以毗卢遮那为中心的五方佛、四波罗蜜、十六大菩萨、四神将，共二十九尊。坛城内交叉的对角线将方形坛城分为四个三角形，每方标识一个方向，中央为金色，下方为红褐色，上方为白色，右方为金色，左方为黄色。其外绕以金刚环。

◀　图版56　坐佛　比丘　供养天人　西夏

毗沙门天王八大夜叉坛城，左上角一坐佛作说法印，其前一天人，其身后站立一僧人。

图版57（1-1）
金刚界坛城图（局部）

　　方城中央圆环内为毗卢遮那佛及四金刚波罗蜜菩萨：毗卢遮那佛，身金黄色，双手结智拳印。四金刚波罗蜜菩萨排列若以下方开始右旋为序，其身相依次为：⑴下方菩萨，身灰青色，右手当胸，左手曲臂外举。⑵右方菩萨，身青色，右手当胸，左手曲臂外举。⑶上方菩萨，身白色，右手曲臂外举，左手残。⑷左方菩萨，身绿色，右手置于腹际，左手曲臂外举。其外，下方阿閦佛及四大菩萨，右方宝生佛及四大菩萨，上方阿弥陀佛及四大菩萨，左方不空成就佛及四大菩萨。

图版58 持金刚菩萨 西夏

　　后室右壁持金刚，身纯白色，一面二臂，头戴冠，结高髻，身佩饰有花钿的项圈、手镯、臂钏，白色串珠绕身，肩披一领红色络腋，红底白花短裙，白色基调，形象素洁高雅。右手于胸前持金刚杵，左手于胸腹之际持物已残。结金刚跏趺坐，坐于白莲花座上。身侧坐着四菩萨，坐在白色仰覆莲花座上。四菩萨同样头戴冠，饰白色桃形物，串珠绕身，肩披一领红色络腋。左上菩萨作舞姿，左下菩萨吹笛，右上菩萨打云板，右下菩萨弹曲颈琵琶。

图版58（5-1）
持金刚菩萨身像

后室右壁持金刚，身纯白色，一面二臂，头戴冠，结高髻，身佩饰有花钿的项圈、手镯、臂钏，白色串珠绕身，肩披一领红色络腋，红底白花短裙，白色基调，形象素洁高雅。右手于胸前持金刚杵，左手于胸腹之际持物已残。结金刚跏趺坐，坐于白莲花座上。

图版58（5-2） 持金刚菩萨·菩萨 舞姿

　　持金刚菩萨身侧坐着四菩萨，左上菩萨作舞姿，身白色，坐在白色仰覆莲花座上。头戴冠，饰白色桃形物，串珠绕身，肩披一领红色络腋。

图版58（5-3）
持金刚菩萨·菩萨 打云板

　　持金刚菩萨身侧坐着四菩萨，右上菩萨打云板，坐在白色仰覆莲花座上。身白色，头戴冠，饰白色桃形物，串珠绕身，肩披一领红色络腋。

图版58（5-4）
持金刚菩萨·菩萨 吹笛

　　持金刚菩萨身侧坐着四菩萨，左下菩萨吹笛，坐在白色仰覆莲花座上。身白色，头戴冠，饰白色桃形物，串珠绕身，肩披一领红色络腋。

图版58（5–5）
持金刚菩萨·菩萨　弹琵琶

　　持金刚菩萨身侧坐着四菩萨，右下菩萨弹曲颈琵琶，坐在白色仰覆莲花座上。身白色，头戴冠，饰白色桃形物，串珠绕身，肩披一领红色络腋。

图版59 四臂观音菩萨 西夏

位于北壁的四臂观音图，观音坐在三裂叶拱形垂帐式龛内，白色头光，蓝色身光，结跏趺坐，坐于白色莲花座上，其下两力士举双手托着莲座。身前莲池中盛开着一朵朵莲花。观音左右身侧坐着两眷属，应为大明佛母和侍宝菩萨。

图版59（3-1） 四臂观音菩萨身像

　　观音形体秀雅，身躯为亮丽的洁白色，代表清净无瑕。头戴五叶冠，顶结尖状高髻。身上佩有金黄色耳环、项链、长璎珞、臂钏、手镯。左肩斜披赭色鹿皮绶带，代表慈悲及纯正的心。腰系绿色腰带的黑色镶宝石串珠的围裙。两只主臂置于胸前双手合十结契印，抱着一颗如意宝珠；另外两臂向外伸展，左手轻捻向外绽放的莲花，右手拎着向下垂吊的念珠。腿部穿着贴体透明短裤。

图版59（3-2） 四臂观音菩萨·侍宝

　　右侧侍宝四臂菩萨，头戴五方叶冠，脑后结波高筒状发饰，身躯为洁白色，左肩斜披赭色鹿皮绶带，两主手胸前合十，另两手向外曲伸。舒坐在由支茎引出的莲蓬座上。

图版59（3-3） 四臂观音菩萨·大明佛母

　　左侧大明佛母，双臂，头戴五叶冠，脑后结高筒状发饰，身躯为洁白色，左肩斜披赭色鹿皮绶带，左手拇指和食指捻着一粒白色宝珠，右手手印。舒坐在由支茎引出的莲蓬座上。

图版60　四臂文殊菩萨　西夏

　　第5窟右壁文殊菩萨，身相白色，一面四臂，左肩斜披赭色绶带。右臂上举，右手残去，其姿态可以肯定举智慧剑；右下手胸前扣弦,左上手张弓射箭，左下手胸前拿经箧。

　　文殊身侧舒坐着四菩萨，身相与主尊相同，均为白色，二臂。其完整程度不同，从残迹看，均右手掠过头顶握智慧长剑，左手胸前仰掌作手印。

图版61　落迦山观音　西夏

　　第5窟右壁落迦山观音，大半残去。观音身白色，双臂叉开，舒右腿坐在山石上。顶部引出一缕白色化光，背衬巨大的圆形月轮。山光水色、嶙石翠竹是其主要衬景，前面是点缀着花色的浩淼水面，身右菱形山石和翠竹并茂，身左菱形山石平台上净瓶里插着盛开的莲花，下面散置着珍宝。

图版61（1–1） 落迦山观音者·唐僧 猴行者 白马

　　唐僧、猴行者一行在左下角，唐僧像不存，马身大半残去，仍可看见白马引颈在地面上食草；猴行者依白马而立，上身残去、下身着胫裹，行缠，足穿麻鞋。

图版62 释迦涅槃图 西夏

位于第5窟后室，释迦右胁侧卧，曲右臂枕右手。头前恸哭着的摩耶夫人，站在身后仰面的密迹力士，身后举哀众弟子及一铺作舞演奏乐器的伎乐供养，足跟站立两弟子。寝床前卧地的人身兽爪执金刚，站立的裸形外道，闷绝倒地的阿难，劝止的阿那律，代表鸟兽供养的一只凤凰。

图版62（4-1）
释迦涅槃图·恸哭着的摩耶夫人

　　涅槃图头前为恸哭着的摩耶夫人。摩耶夫人头顶束发结髻饰满珍宝，双耳垂环，身穿交领红色衣裙，显然是俗人装束。衣袖掩嘴哽咽无语，神情痛楚，红色头光区别她仍然是天人。其左右侧由两侍女搀扶着，突出了主人的身份。摩耶夫人的右侧还站立着两人，一女像，身穿白色交领窄袖衣，腰束宽带，头戴冠，耳饰环，双臂上举宽大的衣袖挽于头顶，双腿微曲，身躯前倾，抑制不住内心的悲痛仆向佛侧。另一身可以确认为密迹力士，密迹力士一般画在寝床前，这里变换了位置，画在释迦头前摩耶夫人一侧。

图版62（4-2） 释迦涅槃图·弟子举哀

　　释迦涅槃图身后站立着8身举哀弟子，均着僧衣。举哀弟子表情、形象亦很生动，但多数形象残剥，细节部分已模糊不清。以佛头为始，第4身执锡杖，似为迦叶。图中所示为第5、6、7、8身，间有一女手捧罐，似在献食。

图版62（4-3） 释迦涅槃图·狮面人身

释迦涅槃图中狮面人身跌倒于寝床前，头发卷曲作螺发状，竖着耳朵，仰面龇嘴露出锋利的獠牙，裸体身不披衣，臂趾间长着尾毛，虽是人身却是兽爪，四肢上长着锋利的爪子，拖着长长的尾巴，两臂上举。

图版62（4-4） 释迦涅槃图·裸形外道

释迦涅槃图中裸形外道立于寝床下，作行走状，面貌狰狞，身上有尾毛。

图版63　千佛之一　西夏

第5窟后室正壁画千佛，这是其中一身。

图版64　健驮逻国（犍陀罗）分身瑞像头　西夏

　　健驮逻国（犍陀罗）分身瑞像位于正壁左侧，也叫双头瑞像，肩上两个头，胸下合体。两头皆作半侧面，身着通肩袈裟，立于莲花座上，有正圆形头光和舟形身光。健驮逻国分身瑞像说的是有两个贫士，皆钱少贫乏，先后乞请画工画佛像，画工鉴其至诚，为二人共画一像，二人同日具来礼敬，"像现灵异，分身交影，光明照着，二人悦服，心信欢喜"。这就是双头瑞像的缘由，也是常见的佛教史迹故事画。本画残，这是右侧头像。

图版64（1-1）　健驮逻国（犍陀罗）分身瑞像信士

　　健驮逻国（犍陀罗）分身瑞像前跪一男信士，身着窄袖圆领长袍，腰系带，双手合十，身后佩着长剑，身体健壮，神情虔诚。左侧同样跪着一人，画面漫漶不清。

第7窟 西夏石窟艺术

瓜州東千佛洞

图版65　前室左壁　西夏

前室左壁布列3方壁画，依次为：阿弥陀接引佛图、东方药师变、释迦降魔相。

图版66　忿怒金刚之一　西夏

　　前室前壁左侧的忿怒金刚，身蓝色，上旋的焰发结成两团大高髻竖立在头顶，顶戴骷髅冠。一面三目，两臂，圆形白色三目与蓝色面孔形成鲜明对比，龇牙咧嘴。右手上举结期克印握金刚杵，左手于胸际拿金刚索。腰挎短小的虎皮裙，身严蛇形璎珞，两腿展立，足下横卧象鼻天，其下则是莲花座，背衬迦楼罗焰光。

图版67 忿怒金刚之二 西夏

　　前室前壁右侧的忿怒金刚，身青蓝色，焰发上旋，顶戴骷髅冠。一面三目，右手上举横握金刚剑，左手胸前结期克印拿金刚索。着虎皮裙，身严蛇形璎珞，两腿展立，足下踩象鼻天，其下则是莲花座，背衬迦楼罗焰光。

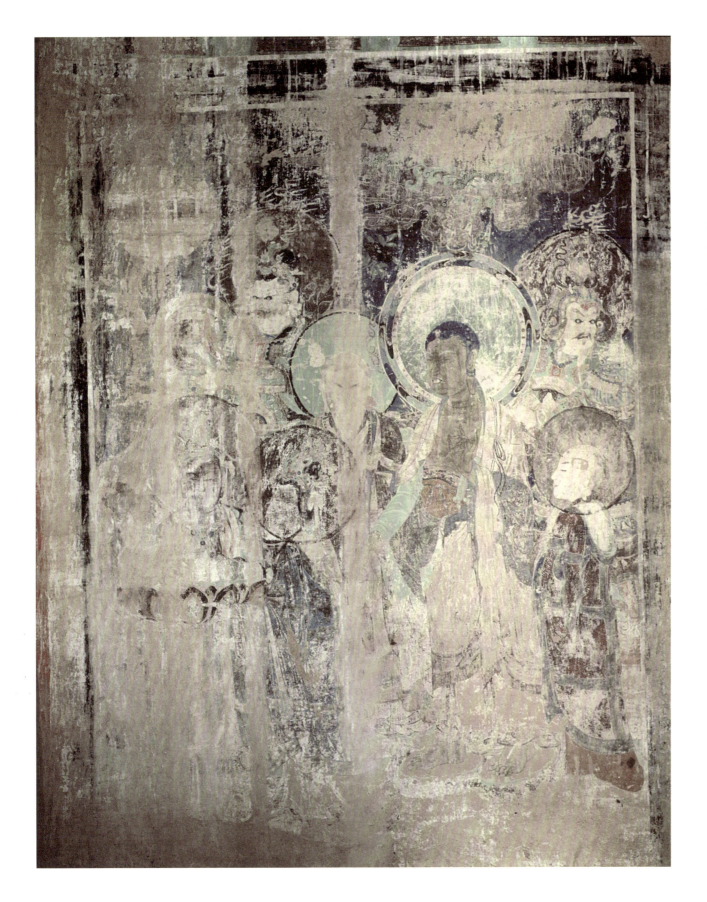

图版68　阿弥陀接引佛　西夏

　　前室右壁阿弥陀接引佛被水渍浸蚀，大部画面尚且清楚。左侧阿弥陀佛侧立云团衬托的莲台之上。佛的身前观世音，大势至菩萨同抬着一朵盛开的大莲花，即佛经里所称的执金刚台，俯视着下方。佛的两侧立着文儒的近身二弟子，身后立着左右环顾的二天王。深蓝色的虚空间映现着一座天宫楼阁，飘浮着彩云，散发着各色花朵。

图版68（1-1） 阿弥陀接引佛·弟子

佛的两侧立着文儒的近身二弟子。弟子着僧衣，侧立于阿弥陀接引佛左右两侧，面向佛像，双目紧闭，双手合十，十分虔诚。图中所示为佛左侧的弟子，着田相衣，装饰高雅华贵。

图版69 阿弥陀接引佛 西夏

前室左壁同样绘着阿弥陀接引佛，画残，这是局部。本窟构成双幅阿弥陀接引佛。

图版70 东方药师变 西夏

前室左壁东方药师变，描绘的是药师佛法会的场面。在一个极为庄严的宫殿式建筑全封闭的天宫里，其建筑布局是以中轴线为基线，前后排列有序，左右布局对称。前有高耸的山门和由长廊连接着左右角楼。后有巍峨的重檐歇山顶大殿，左面连接着悬挂着金钟的钟楼，右面连接着开启着门扇的经楼，中有左右配殿列于两侧相呼应。前院是一个加护着拦杆极为庄严的七宝莲池，池上架设着两座桥梁。池内莲花怒放，莲蓓中坐着化生童子，还有频伽楼罗及灵禽嬉戏其间。

图版70（1-1） 东方药师变·药师佛及举钵弟子

药师佛端坐在大殿前广场上，手托药钵，可以看清的左侧弟子也托着蓝色琉璃药钵。参加法会的有各种级别不同大小不等的弟子、菩萨、眷属、天王、神将等天国人物，整齐有序地布满广场，延伸到廊檐下各就其位。佛前一铺伎乐手持乐器在演奏天乐。虚空云朵中显现4身化佛。

图版71　十一面观音　西夏

观音坐在圆拱形龛内，外为七色道组成的外射光芒状。头光椭圆三列弧形，顶额之上覆盖着茂密的绿色菩提树叶组成的伞盖。龛外围萦绕着七色彩云。

观音身像铁红色。十一面作3·3·3·1·1排列。第1-3重每层的三面色相，第1重正面铁红色，右面绿色，左面铁红色。第2重正面绿色，右面铁红色，左面铁红色。第3重正面铁红色，右面绿色，左面铁红色。第4重一面青色，三只慧眼，笑怒相。第5重铁红色佛面。观音佩有金黄色耳环、项链、长璎珞、臂钏、手镯和脚镯，腰围白色短裙。八臂中，置于胸前的两只主臂两双手合掌，右侧三手依次持佛珠、施愿印、持法轮，左侧三手依次持金莲花枝、握宝瓶、执弓箭。结金刚跏趺坐，坐在双层束腰高座的莲花座上。座前台座上置月轮上写种子词已不清楚。虚空间飘浮着天花雨。左右上角彩云火光中各漂浮着行进的两天人，向下俯视，面向观音，前天人双手举伞盖，后随行身材较小双手托圆盘盛供品的天人。

图版71（2-1）　十一面观音·菩萨

观音两侧舒坐着4身供养菩萨，左右侧各两身：右上菩萨双手合十，右下菩萨执金刚杵，左上菩萨双手合十执花枝，左下菩萨左手持莲花。图中为右下菩萨持金刚杵，左下菩萨手持莲花。

图版71（2-2）
十一面观音·天人

　　位于十一面观音像的左右上角彩云火光中各漂浮着行进的两天人，向下俯视，面向观音，前天人双手举伞盖，后随行身材较小双手托圆盘盛供品的天人。

图版72 释迦降魔相 西夏

　　前室右壁为释迦降魔相，壁画上部尚且清楚，下部已模糊不清。顶部居中的是一人面兽头（狮面），张开大嘴利齿衔咬着两龙尾羽，其首绿色兽毛也作光芒式外射飘动。宫殿式佛龛后面为红色椭圆形背龛，背衬景菱形山岳，点缀绿色莲花状树木。

图版73　释迦说法相　西夏

　　前室左壁释迦说法相。释迦端坐于中央，身金黄色，着红色袒右肩袈裟，身色和袈裟已变色，颜色不够鲜明。白色头光，绿色身光，身光外匝为白色。双手结定印捧金轮置于腹前。结跏趺坐，坐于方形高台座承托的四色仰覆莲花座上。身后是波罗样式宫殿龛门。顶部居中的是兽头，左右两金鹅。两侧各一狮羊一象王。背衬顶中山岩平台上向相站立两迦陵频伽，两侧山岩平台上站立觅食的双羊。佛侧坐着八弟子八菩萨。

图版74（2-1）　顶髻尊胜佛母(局部)　西夏

　　顶髻尊胜佛母，坐在覆钵形佛塔内，是藏地流行的喇嘛塔刹。其身像由于色变的原因，或者色相本身的原因，现在已经蜕变成黑色。头戴五叶冠，脑后结悬着珍宝串珠的高筒状髻饰。身佩黄色耳环、项链、璎珞、臂钏、手镯和脚镯，已经褪色。腰围短裙。顶髻尊胜佛母三面八臂，正面半寂半忿相，左面蓝色忿怒相，右面慈悲相。右一手执十字交杵对准心间；右二手持莲花，莲花上坐定印结跏佛，结于佛母正上方；右三手持箭；右四手结愿印；左一手胸前持罥索；左二手持弓；左三手结施无畏印；左四手结定印捧宝瓶。结金刚跏趺坐，坐在束腰须弥高台座承托的莲花座上。

　　两侧舒坐着四菩萨，右上菩萨举华盖，右下菩萨持物不清，左上菩萨双手胸前捧金轮，左下菩萨持物不清。

图版74　顶髻尊胜佛母　西夏

图版74（2-2）
顶髻尊胜佛母·天人　西夏

位于顶髻尊胜佛母左角上的天人像。火光云朵中映现着恭身向下俯视的二天人，前一天人持瓶作双手向下赐物的动作，后一天人张红色幢。

图版75 大日如来说法图 西夏

后室后甬道正壁为大日如来说法图，左右甬道外侧壁为八大菩萨，是以大日如来为主尊的八大菩萨图。大日如来侧立二弟子四菩萨二天王。

图版75（4-1） 大日如来身像

　　正壁主尊大日如来为汉密风格的造型。佛像神态安详，宝蓝色低平肉髻，饰髻珠，身赤赭色，着僧服。双手胸前结智权印，结跏趺坐，坐于多角工字形束腰青色莲花座上。棕色头光，青色身光，身光冒着火焰，顶上悬华盖，虚空间飘浮着彩云。

图版75（4-2）
大日如来说法图·圣众

　　佛身侧伫立着二弟子、四菩萨、二天王。二弟子身白色，眼神低俯，虔诚恭立。四菩萨戴花冠，顶结高鬟髻，秀发披肩，肤色本来是有区分的，现在都褪变成赤红色，身佩菩萨装扮。二天王着战衣，紧握双拳，两眼聚神凝视着远方。上角画二飞天，托着供盘。色彩鲜明，绿色色块突出。此是右半部画面。

图版75（4-3）
大日如来说法图·飞天一

图中所示为大日如来说法图上方的飞天。色彩鲜明，线条均匀。

图版75（4-4）
大日如来说法图·飞天二

图中所示为大日如来说法图上方的飞天。色彩鲜明，线条均匀。

图版76（8-1） 八大菩萨·观音菩萨

八大菩萨之一观音菩萨，顶戴摩尼宝冠，冠中有无量寿如来，右手下垂施愿印，左手胸前持青莲花。双结跏趺坐，坐于莲花座上。

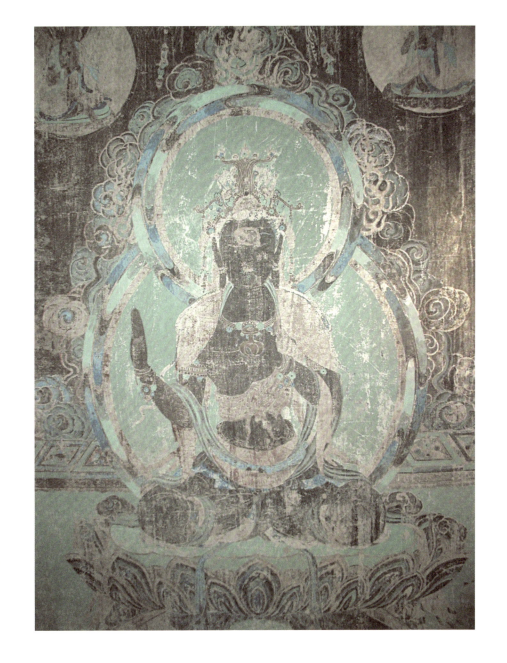

图版76（8-2） 八大菩萨·弥勒菩萨

八大菩萨之二弥勒菩萨，顶戴摩尼宝冠，冠中有窣堵波，右手外举施无畏印，左手胸前捧宝瓶。双跏趺坐，坐于莲花座上。

图版76（8-3） 八大菩萨·虚空藏菩萨

　　八大菩萨之三虚空藏菩萨，顶戴摩尼宝冠，身色肉红色，右手于胸前手掌向上，掌心放着宝藏，左手胸前说法印。双结跏趺坐，坐于莲花座上。

图版76（8-4） 八大菩萨·普贤菩萨

　　八大菩萨之四普贤菩萨，顶戴摩尼宝冠，冠中饰五佛，右手举剑至头顶，左手下垂施愿印。双跏趺坐，坐于莲花座上。

图版76（8-5） 八大菩萨·金刚手菩萨

　　八大菩萨之五金刚手菩萨，顶戴摩尼宝冠，冠中饰五佛，身色肉红色，右手胸前握三钴金刚杵，左手腹际结定印。双跏趺坐，坐于莲花座上。

图版76（8-6） 八大菩萨·文殊菩萨

　　八大菩萨之六文殊菩萨，顶戴摩尼宝冠，右手下垂施愿印，左手胸前持开放的青莲花，上托三钴金刚杵。双跏趺坐，坐于莲花座上。

图版76（8-8） 八大菩萨·地藏菩萨

八大菩萨之八地藏菩萨，顶戴摩尼宝冠，右手胸前施安慰印，左手胸前捧亮丽的蓝色琉璃钵。双结跏趺坐，坐于莲花座上。

图版76（8-7） 八大菩萨·除盖障菩萨

八大菩萨之七除盖障菩萨，顶戴摩尼宝冠，身色肉红色，右手腿部施愿印，左手持虎皮幢。双跏趺坐，坐于莲花座上。

图版77 释迦涅槃图 西夏

　　释迦右胁半卧，曲右臂，右手支颐，额际一缕白色化光，化显小坐佛（化千佛）。头前站立大梵天和帝释天、老年弟子迦叶，身后举哀众弟子及四大天王，足跟站立着末罗族长者及俗装贵人双手摸佛足。寝床前闷绝倒地的阿难、劝止的阿那律、抚摸床沿的裸形外道、老虎、孔雀、龟、鹤兽鸟供养，一铺作舞演奏乐器的伎乐供养。

图版77（7-1）　释迦涅槃图·大梵天　帝释天

　　涅槃经中大梵天和帝释天是固定的诸神。它们的形象多作王侯贵族的形象，有时也以天人形象出现，就是菩萨装也屡见不鲜。

图版77（7-2） 释迦涅槃图·头像

释迦侧身半卧，曲右臂，以右手支颐。低平肉髻，前施髻珠。扁平的低肉髻是宋代佛髻通用的艺术处理手法。

图版77（7-3）
释迦涅槃图·老年弟子迦叶

老年弟子迦叶在释迦头前，剃发，着僧衣，右手平放在床前，左手支下腭，侧身双目投向释迦。与传统涅槃图比较起来，迦叶的位置有所倒置，迦叶由位在足跟摸足，转移到头前晤谈。

图版77（7-4）
释迦涅槃图·圣众供养

释迦脚跟俗人摸足，其身后系末罗贵族长者。

图版77（7-5）
释迦涅槃图·俗人摸足

摸佛足者深棕色头光，蓄发留胡须，头顶挽髻，用黄色饰有白、黑色花纹的发套束髻。着蓝色白缘交领衣，下着裳，侧身，眼神汇集在佛足上，双手展开五指平放在佛足上轻柔地抚摸着佛足。它和传统的老年弟子迦叶摸足发生了理念上的变化。

图版77（7-6）
释迦涅槃图·伎乐天供养

　　伎乐天供养，是涅槃图中迥有异趣的一个重要部分，悲愤的气氛中带有几分喜庆。一铺伎乐四人，位在寝床前四兽供养之后，这是一铺组合得体前后互为照应极为美妙的乐舞，他们都在跨步行进之间起舞演奏乐器。为首的一身侧身双手展长巾起舞，第2身回首聚神吹横笛。他们都是天人装，头上束发饰宝蓝色、黄色宝石花钿，袒身斜披络腋，身佩项链、璎珞、臂钏、手镯和脚镯，腰围裙，以带束腿，跣足，应是天乐供养。

图版77（7-7）
释迦涅槃图·伎乐天供养

伎乐天供养。图中所示为第3身躬腰双手击腰鼓，第4身双手胸前击拍板。

图版78 窟顶双凤图案 西夏

甬道顶为饰卷草莲花图案。按照佛教的说法：三界的众生，以淫欲而托生；净土的圣人，以莲花而化身，并能以世人所熟悉的形象示现。既然莲花代表佛祖清净的法身、庄严的报身，于是便成了佛教艺术的重要题材，也是佛寺中经常见到的吉祥物。此甬道顶用莲花图案装饰，亦有此寓意。圆心为旋转着的双凤图案。

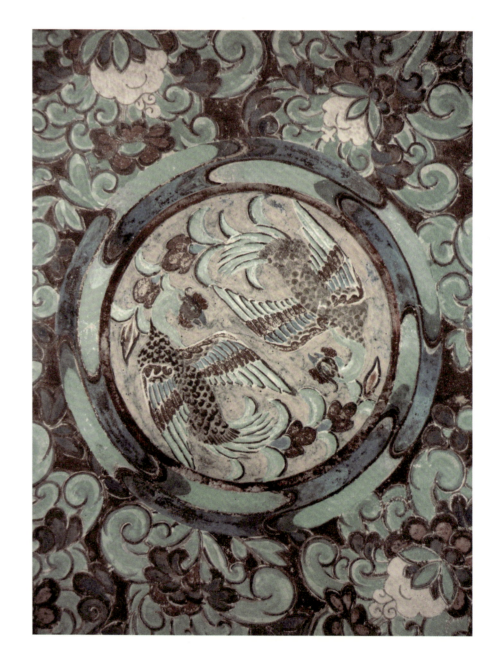

图版78（1-1） 窟顶双凤图案（局部）

图中所示为窟顶圆心内旋转着的双凤图案。

瓜州東千佛洞 元代石窟 第6窟 藝術

图版79 忿怒金刚之一 元代

　　第6窟为元代洞窟，前壁窟门左右侧两身忿怒金刚，均顶戴骷髅冠，面具三目，身严蛇形璎珞，着虎皮裙，两腿展立，足下踩象鼻天，站在莲花座上。背衬迦楼罗焰光。本图所示为右侧忿怒金刚，右手举金刚剑，左手于胸前绕金刚索。

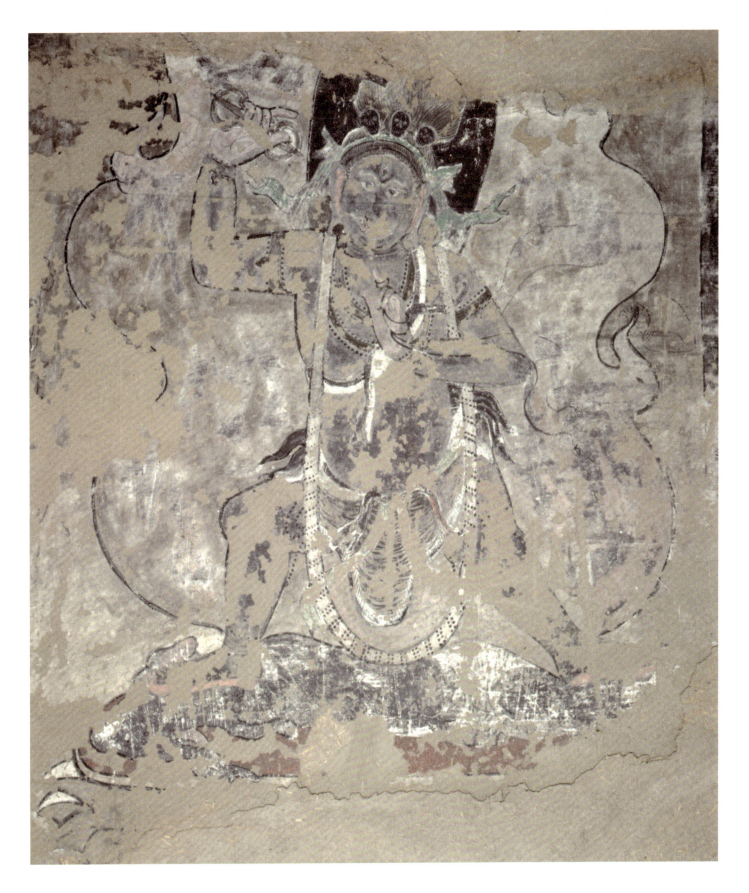

图版80 忿怒金刚之二 元代

第6窟为元代洞窟，前壁有两身忿怒金刚。本图所示为左侧忿怒金刚，右手上举结期克印握金刚杵，左手于胸前拿金刚索，足踩象鼻天。

图版81　文殊变　元代

　　右壁文殊变。文殊菩萨头戴宝冠，着绿色内衣，白色窄袖，肩披云肩，手拿嵌宝如意，下着红色饰花裙、白色长裤。结跏趺坐，坐于青狮背的莲座上。月轮形头光和身光。身下于阗王牵狮，身前站立胡僧佛陀波利及持杖大圣老人，身后站立两天王。背衬山岳，意在描绘文殊道场五台山的万般庄严。

图版81（2-1） 文殊变·天王神将

菩萨身后站立两天王神将扈持，身铠甲，双手合十。

图版81（2-2）
文殊变·胡僧佛陀波利 大圣老人

图中所示为文殊变身前站立的胡僧佛陀波利及持杖大圣老人。

图版82 普贤变 元代

　　左壁普贤变。菩萨头戴宝冠,身已变成赤褐色,着半披肩袈裟,手举莲花上托经箧,身前站立着胡僧佛陀波利背着经箧,身后站立两天王神将扈持,身铠甲,双手合十。背衬山岳,意在描绘普贤变道场峨眉山的万般庄严。

图版82（1-1）普贤变·胡僧佛陀波利

　　位于右壁普贤变菩萨画面中，身前站立着胡僧佛陀波利背负经箧。其下一人，仅留少部头光，可能是残去的大圣老人。

图版83 窟顶坛城图 元代

　　窟顶坛城图摄于窟顶，由方城和金刚环组成。方城内对角十字交叉线将其分为四块并涂以不同颜色，下方为灰黄色，上方为灰青色，右方为褐黑色，左方为白色。方城内中心安置一菩萨，上下左右安置四菩萨，四隅四阏伽瓶。

图版83（1-1）　坛城图·主尊菩萨 元代

中央位置的菩萨头戴三叶冠，脑后结箓状高耸的发髻，袒身，身相金黄色，腰间着红色短裙，左肩挎白色条帛。右手下垂于腿部施愿印，左手举胸前无畏印拿青莲花。胸佩联珠纹项圈，红色宽璎珞绕身，由项际垂于腿部。结跏趺坐，坐于灰色仰覆莲座上。腰部纤细而挺拔，显得身躯硕健。菩萨绿色头光，蓝色身光，金黄色举身光。

瓜州博物馆藏千手千眼观音　绢画　五代

图版84　千手千眼观音　绢画

　　千手千眼观音，六观音之一，全称千手千眼观自在。观自在菩萨于往昔闻广大圆满无凝大想心陀罗尼，为利益一切众生，乃发具足千手千眼之愿，生出千手千眼。千手能济众生之难，千眼能观众生之苦。这幅绢画1982年发现于东千佛洞第7窟前壁下的积土杂物中。当即收回安西（今瓜州）县博物馆保存。绢画高76厘米，宽60厘米，左上侧残缺一部分。观音为裙披装立像，袒上身，斜披红色络腋，下着红色长裙，白色团花纹。顶结高筒状发髻饰以花钿，花冠上有小化佛。身黄色，额上开天眼，弓形眼，神情凝思。主手十八只，身前上二手执莲花说法印，中二手合掌，下二手禅定印，左侧六手分别持日精魔尼（红色圆轮中一凤鸟）、花枝、杖（？）、宝珠（？）、罐、愿印，右侧六手分别持月精魔尼（白色圆轮中一树）、彩色捧（？）经箧、柳枝、净瓶、愿印。外侧以巨大的同心圆描绘千手千眼，均作愿印，每手掌中一眼。站在水池中白色莲花上。正圆形身光和头光。左上角祥云中托着五佛，显然是十方佛的一部分，右上角画面已毁。左右下角站立袒露身胸焰发怒目的二力士。还有右侧身材瘦小蓬发骨瘦如柴的施甘露饿鬼，左侧施财宝贫儿，分别承接观音手中流下来的甘露和财宝。左下角供养人和尚仅存头部。右下角女供养人也仅存头部，头饰簪花，垂宝石翠珠，颇似盛开的莲花，颈佩串珠，俨然一贵夫人。在敦煌石窟中是五代、宋女供养人常见的装饰。专家据此考订此画是五代作品，从东千佛洞历史考虑，本画或为他地流传至此。也许是西夏作品，承接了前代的画风。

旱峡石窟

西夏壁画艺术

旱峡石窟

旱峡石窟初创于北朝，是瓜州境内又一座经西夏重修的石窟，现存西夏塑像壁画。石窟位于瓜州县南50公里彪杆子山北麓旱峡口西崖。旱峡本身是一条干涸河床，在周围数十里之内只有石窟附近有一眼清泉潜流，在荒漠野地正是这股清泉给人们提供了生存条件，僧众们在此选址建造石窟与这股清泉不无关系。这里远离尘世，亦是禅僧们修行的理想境地。即使今天夜幕降临时，这里依然是鸟兽赶来投饮的地方，泉边红柳、枸杞、芦苇、芨芨草茂密繁盛。正如佛经上所描述的那样，僧人入山修行鸟兽为伴。旱峡干涸河床亦是沟通南北的要道，南通大雪山，北临瓜州绿洲。在地理位置上北距唐宋锁阳城遗址20公里，西临榆林窟、莫高窟，东接东千佛洞、玉门昌马石窟。

石窟凿于距地面高约70米的山岩上，岩体属震旦晚寒武纪褐灰色变质岩层，石质坚硬不宜雕刻（图1）。共有2窟，还有

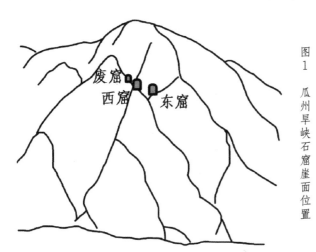

图1　瓜州旱峡石窟崖面位置

一个未凿成的废窟。石窟开凿年代缺少记载，根据窟形及暴露出来的部分底层壁画，石窟创建于北朝，现存西夏重修壁画。以相对位置分东、西窟（图2），都是45平方米的穹窿顶方窟。

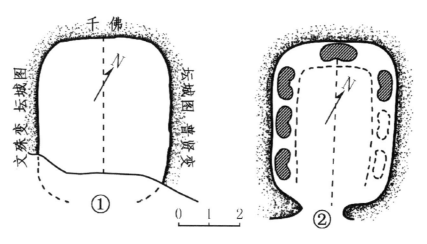

图2　瓜州旱峡石窟　①西窟西夏重修壁画分布示意图
②东窟西夏造像分布示意图

东窟，甚残，从残迹考察，窟内正壁及左右壁筑佛台，原来应是7身泥塑坐佛的造像。正壁1身坐佛，左右壁各3身坐佛，均头部残失，现存5身残缺程度不同的残躯（图3、4）。均结跏趺坐，形体扁平，着交领袈裟，敷土红色，内著僧祇只，右手分开五指抚于膝上（触地印），左手置腹前交代得不甚清楚。窟壁坍塌严重，没有留下壁画。

西窟，窟形尚且完整，唯左前壁残去，窟内已无造像，也未见佛台。窟内现存西夏重修壁画，采取均衡对等的布局，正壁一方，左右壁各两方，正壁一方为千佛图，左右壁里侧为坛城图、外侧为文殊变和普贤变。现存完整者仅有正壁千佛图和右壁坛城图，相对完整者有右壁文殊变，及右壁窟脚数身供养

人。

正壁千佛图，千佛上下7排，每排11～12身不等，总计82身。皆袒胸，一条帛巾由左肩下垂裹腹，下为莲花座，头顶肉髻作高尖状，多作禅定印，但不限于禅定印，有一部分作说法印、触地印，个别的捧金刚杵。

右壁金刚界坛城图，由外向里，由外金刚城和内金刚环两大部分组成。金刚环内由三重同心圆安排诸尊，圆心为五方佛四波罗蜜菩萨。中心大日如来由于画面残损严重，身躯已不清楚，唯存光芒状外射身光尚且清楚。上下左右为佛装四佛，四隅为菩萨装四波罗蜜（图5）。第二轮分割成8个莲瓣，画八大供养菩萨。第三轮分割成16个莲瓣，画十六大菩萨。外界的金

图3　瓜州旱峡石窟东窟右壁3身坐佛

图4　瓜州旱峡石窟东窟右壁三坐佛之一

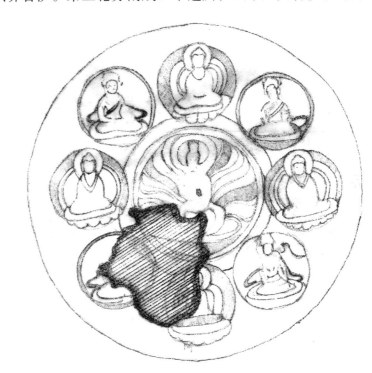

图5　瓜州旱峡石窟坛城图圆心五方佛四波罗蜜菩萨

刚环宽厚，内匝为金刚杵间以摩尼宝珠，外匝为红色火焰纹。

方形金刚城，四面各辟一门，门楼为仿木构高台大屋顶重楼建筑，中间为饕餮兽头，顶上是金轮，门楼两侧对称地悬挂着天旗和幢，并张着长长的白色弧形幡带，虚空间飘浮着天花雨。门侧各有二兽，门下有身色不同的四金刚把守。城墙四角外层界以四出金刚杵，内层每角绘空行母5身，总计20身，作舞姿或演奏乐器。城墙内四隅地面上芳草间各画八宝：宝瓶、金轮、妙莲、金鱼、吉祥结、胜幢、海螺、宝伞。城墙外左右上角各悬着一挂巾，坛城图左下角坐着一僧人，剃发，着福田袈裟，身前置三足小圆几，上置供品。右下角站立一男供养人，半身，着圆领袍服，黑色袖缘，腰系带，左手举着瓶状物，头部残。金刚城之外加方形红色边框。上方画数身坐佛，现在看到的是6身，两身还是侧身，皆身黄色，着半披袈裟，结跏趺坐。肯定不止此数，明显可以看出左角残去数身，它们在红色边框之外，应属窟顶部分。

本图诸尊为五方佛、四波罗蜜菩萨、八供养菩萨、十六大菩萨、四金刚菩萨，是为金刚界三十七尊。

与右壁金刚界坛城相对应的左壁壁画已全部残去，按对称关系应仍是坛城图，因画面残已不可确知。仅存右下角一小块壁画，所画是一身女供养人，上衣下裙，面残，极有可能与右壁右下角男供养人是对应关系，边衬以白色云朵（图6）。

图6　左壁坛城右下角女供养人

右壁文殊变，大半画面残去。尚可见是文殊菩萨坐在雄狮上，右手举经书。身侧立着一弟子，双手捧着经卷，应是胡僧佛陀波利。菩萨一行行走在一朵朵泛起的白色云层上，它和东千佛洞第5窟文殊变、普贤变一样，系赴会的场面。下面波涛浩荡的海面上浮动着蛟龙。与右壁文殊变相对应的左壁普贤变则已残失（图7）。

右壁窟脚画一列供养人，现存13身，其形象多已模糊不清。前面有僧人导引，男供养人着圆领袍服，腰系带，长带下垂腿际，是西夏男供养人的一般装束。每身前有红色题名界栏，一身约现西夏文字迹，余者皆字迹模糊不清，或者没有写上文字。

图7　右壁文殊变

图版1 旱峡石窟 外景 西夏

　　旱峡石窟是瓜州境内又一座初建于北朝，西夏重修的石窟。石窟位于瓜州县南50公里彪杆子山北麓旱峡口西崖。旱峡本身是一条干涸河床，在周围数十里之内只有石窟附近有一眼清泉潜流，在荒漠野地正是这股清泉给人们提供了生存条件，僧众们在此选址建造石窟与这股清泉不无关系。这里远离尘世，亦是禅僧们修行的理想境地。即使今天夜幕降临时，这里依然是鸟兽赶来投饮的地方，泉边红柳、枸杞、芦苇、芨芨草茂密繁盛。正如佛经上所描述的那样，僧人入山修行鸟兽为伴。旱峡干涸河床亦是沟通南北的要道，南通大雪山，北临瓜州绿洲。在地理位置上北距唐宋锁阳城遗址20公里，西临榆林窟、莫高窟，东接东千佛洞、玉门昌马石窟。

图版2　旱峡石窟·西窟　西夏

　　旱峡石窟西窟创建于北朝，现存西夏重修壁画。以相对位置分东、西窟，都是45平方米的穹窿顶方窟。

　　西窟，窟形尚且完整，唯左前壁残去，窟内已无造像，也未见佛台。窟内现存西夏重修壁画，采取均衡对等的布局，正壁一方，左右壁各两方，正壁一方为千佛图，左右壁里侧为坛城图、外侧为文殊变和普贤变。现存完整者仅有正壁千佛图和右壁坛城图，相对完整者有右壁文殊变，及右壁窟脚数身供养人。

图版3　金刚界坛城图　西夏

　　右壁金刚界坛城图，由外金刚城和内金刚环两大部分组成。金刚环内由三重同心圆安排诸尊，圆心为五方佛四波罗蜜菩萨。中心大日如来由于画面残损严重，身躯已不清楚，唯存光芒状外射身光尚且清楚。上下左右为四佛，四隅为菩萨装四波罗密。第二轮分割成8个莲瓣，画八大供养菩萨。第三轮为分割成16个莲瓣，画十六大菩萨。外界的金刚环宽厚，内匝为金刚杵间以摩尼宝珠，外匝为红色火焰纹。

图版3（5-1）
金刚界坛城图·金刚环内诸尊

金刚环内圆心为五方佛四波罗蜜。第二轮为八大供养菩萨，第三轮为十六大菩萨。

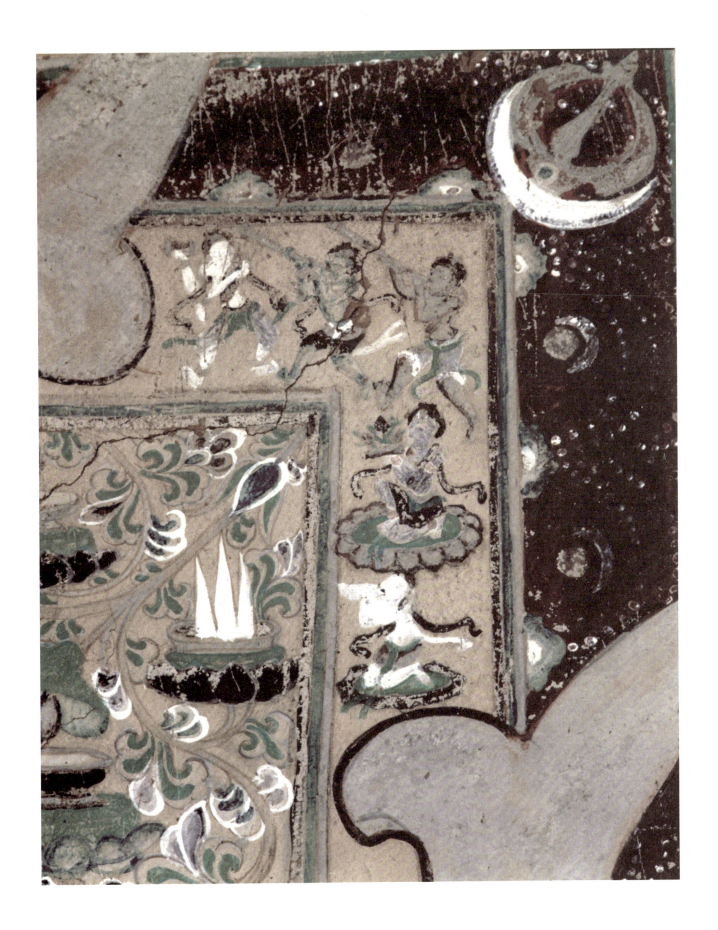

图版3（5-2）
金刚界坛城图·空行母

方形金刚城，本图所示左上角5身空行母。

图版3（5-3）
金刚界坛城图·空行母

　　金刚城四角所绘空行母，每角绘空行母5身，总计20身，作舞姿或演奏乐器。本图所示右上角空行母5身。

图版3（5-4）
金刚界坛城图·上师

坛城图左下角坐着一上师，身前置圆形小几。

图版3（5-5）
金刚界坛城图·西夏男供养人

坛城图右下角男供养人半身像，圆领袍服，腰束带。

图版4 千佛 西夏

正壁千佛图，千佛上下7排，每排11～12身不等，总计82身。皆袒胸，一条帛巾由左肩下垂裹腹，下为莲花坐，头顶肉髻作高尖状，多作禅定印，有一部分作说法印、触地印，个别的捧金刚杵。

图版4（1-1） 西窟·千佛之一

正壁千佛图之一。图中的佛像，双目微闭，沉思状，袒胸，一条帛巾由左肩下垂裹腹，头顶肉髻作高尖状，右手作触地印，左手作禅定印，结跏趺坐于莲花座上。

图版5　供养人　西夏

　　右壁窟脚画一列男供养人，现存13身，其形象多已模糊不清。前面有僧人导引，男供养人着圆领袍服，腰系带，长带下垂腿际，是西夏男供养人的一般装束。每身前有红色题名界栏，一身约现西夏文字迹，余者皆字迹模糊不清，或者没有写上文字。

图版6　文殊变·胡僧佛陀波利　西夏

　　右壁文殊变，大半画面残去。文殊菩萨坐在雄狮上，右手举经卷。身侧立胡僧佛陀波利，双手捧着经卷。菩萨一行行走在一朵朵泛起的白色云层上，系文殊赴会的场面。

后 记

本人调查瓜州东千佛洞始于1983年，那年5月在嘉峪关市魏晋墓工作完毕之后，产生了去东千佛洞的念头。嘉峪关文物保管所两位热爱文物的青年，也有去东千佛洞调查的愿望。于是，在他们鼓动下，在时任嘉峪关文物保管所长杨惠福的支持下，动用了所里的一辆面包车，同行的有酒泉地区文教局张清副局长。

我们一行4人，第一站是玉门市昌马石窟，那里尚处无人管理状态，没有发现文物被毁的情况。第二站去瓜州东千佛洞，去那里的路程就相当艰辛了。我们一行首先到了距东千佛洞较近的瓜州桥子乡，在那里简单地筹备了一些必要的饮水和食物，径直去了东千佛洞。走了四五华里，就遇到了横在面前的红柳沟，那里的红柳生长得很茂密，林木参天，树阴蔽日，道路泥泞不堪，并无正式的走道，需要在红柳丛中穿行。此处不宜面包车通行，若硬闯过去，车体会受到很大的损伤，不得不退了出来。第二天雇用了当地一辆大卡车，车主经常在戈壁滩上劳务，对那里的地形很熟，顺利地通过了红柳沟，就是荒漠戈壁，不时地要穿越干涸的河床台地，中午时分到了东千佛洞。这里远离村庄，当时偶有过往南山的马车经过这里，间有牧羊人在石窟寄宿。此外，很少有人来到这里，相当安静。

我们一行简约地浏览了一下所有洞窟，便将目光投向第2窟落迦山观音（水月观音）壁画。其中"唐僧取经图"特别令人瞩目。

文化大革命中几个洞窟的塑像被毁掉，所幸被毁塑像多是清代塑像，价值相对要小一些，碎片仍旧散落在地面上。壁画并没有受到人为的损伤，也没有近期游人题名和胡写乱涂的现象，保存情况尚好。在我们之前敦煌研究所驻榆林窟的研究人员，曾走访过这里，作了一些调查研究。瓜州县（时称安西县，2004年改称瓜州县，下同）文化馆已将这里纳入保护对

象，工作人员不定时地巡视这里。

此后的这些年里，随着对文物保护工作的日益重视，石窟考古的展开，编写图录的需要，我先后去过东千佛洞数十次。去东千佛洞必须当天往返，所以时间很受限制，要住在那里工作一二天时间，就必需带上被褥及锅灶等生活用品，我多次去东千佛洞都是由瓜州县文化馆（后为县博物馆）筹备的。住得最长一次是1991年8月中下旬，住了18天，那是因为东千佛洞加固工程，借此机会对石窟调查。其时生活条件有所改善，之前几口古井清淤后恢复了出水，解决了生活用水和工程用水。前一年，瓜州文化馆组织馆内美术工作人员对东千佛洞主要壁画进行了临摹。鉴于东千佛洞石窟壁画的重要性，当时也有编一图册的设想。限于当时的水平，编写难度较大，难以进入实质性编辑，当务之急还是以文物保护为主。由于那次考查时间较长，为本人研究东千佛洞带来了契机。在日后的年代里特别注意对千佛洞藏密图像的解读。

甘肃境内的石窟中，相当一部分石窟元、明、清以来变成了藏传佛教的道场，藏传佛教壁画有一定数量，如永靖炳灵寺石窟、武威天梯山石窟、张掖马蹄寺石窟、酒泉文殊山石窟等洞窟里重新装饰上的藏传佛教壁画，它们各有不同的传承和历史背景，若以时代为序自然是以瓜州东千佛洞西夏藏传佛教壁画最早，而且具有原创性。本人想以此为起点，涉入这一领域。

以往多次调查、考查、拍摄，特别要感谢瓜州文化馆、博物馆先后几任领导殷宗仁、张淳、李宏炜、刘晓东及资深文博馆员李春元的支持帮助。特别是张淳馆长，他对瓜州文物有广阔的思维和前瞻性，在博物馆成立之初期，在专业人员缺少的情况下，四处求贤，终招来几位得力干将，工作显得很活跃，这期间东千佛洞保护与研究得到了大力提升。我去东千佛洞调

查多数情况下由李宏炜陪同，当时他是一位好学的青年，热爱文物，有着深厚的文学修养，现在担任着多种要职。

这里特别要感谢以上诸位在我调查时对车辆、食宿的安排。我们在东千佛曾共同度过许多时光，虽然生活、工作环境艰苦了一些，但都留下了美好的回忆，也使本人由不懂藏传佛教图像，步入了藏传佛教艺术的研究。本书一部分插图就是采用了瓜州博物馆的临摹品。某种程度上可以说是我们大家共同辛勤劳动的成就。

本书编写过程中，得到了西夏学专家宁夏人民出版社编审汤晓芳、甘肃省博物馆研究员陈炳应的鼓励。当我编写遇到困难时，他们的意见是让我能研究多深就算多深，不宜求全，先把资料公布出来，供大家研究。我觉得这个建议很中肯，很难的事就变得简单可行了。他们的意见也反映出西夏学界对此书的关注和期盼，此后就本着这个原则编写。本书的出版，特别要感谢宁夏大学西夏学研究院杜建录院长，将本书列为西夏学系列图书之一，得以顺利出版。

近年来，东千佛洞石窟的研究论著日趋增多，多系针对某一窟或某一图像的考释，都很有学术价值，本书在文中多有引述。相比较之下，刊布的照片很有限。本书旨在刊布更多照片以飨读者。过去因各种需求曾刊布过千佛洞的一些照片，主要有2000年重庆出版社出版的中国古代壁画精华丛书《甘肃安西东千佛洞石窟》，收录图片16幅；1997年甘肃人民美术出版社出版的《甘肃石窟艺术·壁画编》，收录图片49幅；2006年辽宁美术出版社、天津人民美术出版社出版的中国美术分类全集·中国敦煌壁画全集11卷《麦积山炳灵寺》卷，收录图片24幅。而本书则是东千佛洞石窟的专著，力求尽量揭示其全貌。

著者

2011年8月6日

张宝玺

张宝玺（1935— ），研究员，甘肃省庆阳市西峰人。1958年于西北师范学院（现西北师范大学）艺术系毕业。1958年起先后在甘肃省文化局（现甘肃省文化厅）、甘肃省博物馆、甘肃省文物考古研究所工作。长期从事文物考古工作，重点是佛教石窟考古、佛教艺术研究，主要调查研究对象是甘肃境内佛教石窟。主持过嘉峪关魏晋十六国墓壁画发掘。专长文物摄影。1996年退休。

出版的著作，在佛教艺术方面有：《炳灵寺石窟》、《陇东石窟》、《甘肃石窟艺术雕塑篇》、《甘肃石窟艺术壁画篇》、《甘肃佛教石刻造像》、《昔日炳灵寺》、中国美术分类全集敦煌壁画全集11卷《麦积山炳灵寺》、《北凉石塔艺术》等；在墓室壁画方面有《嘉峪关酒泉魏晋十六国墓壁画》及其系列丛书。

应邀拍摄出版的大型图录有：《中国石窟永靖炳灵寺》、《中国石窟天水麦积山》。

发表论文40余篇，主要有：《炳灵寺石窟西秦洞窟》、《建弘题记及有关问题考释》、《永靖炳灵寺大事年表》、《由"六国共修"看麦积山的历史》、《麦积山石窟壁画叙要》、《麦积山石窟的七佛窟》、《北朝河西石窟编年》、《河西北朝中心柱窟》、《青海境内丝绸之路和唐番古道上的石窟》、《北石窟七佛窟之考释》等。